JN277893

マンガによる
Q&Aが
わかりやすい

住宅裁判を数多く取扱う

秋野卓生弁護士が解説する

「安心・安全のための家づくり」

―早い・安いに騙されるな！―

はじめに

本書を手に取られた方は、きっと「私は家づくりで失敗したくない」と考えていらっしゃる方だと思います。

これまで、家づくりにあたり、「安心」「安全」は当然の前提であり、「どれだけ安く家をつくってくれるのか？」というローコスト至上主義が住宅取得者の考え方の主流でした。

しかし、２００５年11月に発生した耐震強度偽装事件は、このローコストが建物の安全性を犠牲にする可能性があるという真実を教えてくれました。

また、ローコストが「より安全な建物」を目指しているのではなく、「安く建築するために建築基準法ギリギリ狙い」である事も教えてくれました。

このような真実が明らかになった今、昔と同じように「安心」「安全」を当然の前提と考えて家づくりに臨む事はあまりに危険であると言わざるを得ません。

このように「安心」「安全」を当然の前提と考える事ができない事実を知った皆さんにとって、コンプライアンス（法律やルールを守る精神）のかけらもない悪質業者に騙されないための防御策として、家づくりに関する法律知識を取得していただくことは何よりも大事な事であろうと思います。

私は、「広くて安いマンションが欲しい」という住宅取得者の素朴なニーズと住宅業界のコンプライアンスの欠如が、あの耐震強度偽装事件を生んだと考えています。

いつの時代にも、どの業界にも詐欺をはたらく悪い輩は存在します。

その悪い輩が発する利益追求型の違法営業から身を守る方法を習得し、「私の家を建築する業者はコンプライアンスの意識がしっかりした業者にお願いしたい」という正しいニーズがローコストに代わる業者選びの基準になれば、二度と耐震強度偽装事件のような事件は起きないでしょう。

法律はいつでも消費者・居住者の味方です。

住宅に関する法律の中で憲法的な意味合いを持つ住生活基本法（法案を今国会に上程）第五条も「住生活の安定の確保及び向上の促進に関する施策の推進は、民間事業者の能力の活用及び既存の住宅の有効利用を図りつつ、居住のために住宅を購入する者及び住宅の供給等に係るサービスの提供を受ける者の利益の擁護及び増進が図られることを旨として、行われなければならない。」と規定しているところです。

しかし、法律知識を活用し、事前の予防策を打っておかなければ、せっかく法律で擁護されていても欠陥住宅の被害者となってしまうのです。

本書では、住宅取得者が最低限知っておきたい法律を漫画を交えながらわかりやすく解説させて頂きました。

また、第7章では、住宅紛争専門弁護士の立場から、正しい住宅会社選びの視点についても解説させて頂いております。

本書が皆様方の「夢の実現」である家づくりに貢献し、住宅トラブル予防の道標となれば何よりの幸せです。

２００６年４月　弁護士　秋　野　卓　生

目次

住宅裁判を数多く取扱う　秋野卓生弁護士が解説する
安心・安全のための家づくり
―早い・安いに騙されるな！―

第1章「姉歯問題」は戸建て住宅でも起こるか？…11

一　姉歯問題はなぜ発生したのか？…12
1・住宅業界におけるコンプライアンス（法律やルールを守ること）の欠如…12
2・住宅価格競争の光と影…13
二　家を長持ちさせて幸せに…13
三　安いことはよいことだが落とし穴がある…14

第2章 マンガQ&A イメージギャップのトラブルを防止しよう！…15

1・イメージギャップのトラブル…16
2・設計業務義務違反…18
3・引き継ぎ不足…20
4・仕様の押し付け設計マン…22
5・契約締結に至る打ち合わせは慎重に…24

第3章 マンガQ&A ダマされないために知ってほしい！ 景品表示法（広告・宣伝）と消費者契約法 …27
◎契約締結時に悪質業者を見抜くには …28
1・ローコスト住宅の広告のどこに注意したら良いか …30
2・契約内容説明に注意（消費者契約法第3条関連） …34
3・嘘とは知らずに契約をしてしまった場合（消費者契約法第4条1項1号 不実の告知） …38
4・周辺環境についての説明に断定的判断の提供があった場合（消費者契約法第4条1項2号 断定的判断の提供） …40
5・利点ばっかり説明され欠点を言わなかった場合（消費者契約法第4条2項 不利益事実の不告知） …42
6・契約締め日が近いのでお願いします！というセールストークはいいんですか？ …46
7・消費者契約法違反の契約約款は無効です …48
第4章 マンガQ&A 契約解除と「言った言わない」トラブル対策 …51
1・営業途中で断ったら損害賠償を請求された …52
2・いつでも契約解除が出来るのか？ …56
3・言った言わない紛争を防止するためにはどうすれば良いの？ …60

4・サービスかと思っていたら、追加工事代金を請求された　…62

第5章　マンガQ&A　家づくりにおける時効、慰謝料、瑕疵の基礎知識　…65

1・時効期間ってどのくらいですか？　…66
2・慰謝料を請求したいのですが　…70
3・住宅に瑕疵がある場合、住宅会社にお金を払ってはいけないのか？　…74

第6章　住宅性能表示制度とは？　…77

1・住宅性能を統一の基準で比較できる　…78
2・事故率低下の一要素　…79
3・ギリギリ狙いのローコスト住宅では性能表示による安全性確認が不可欠　…79
4・広告宣伝手段としての性能表示の利用には気を付けよう！　…80

第7章　ちょっと過激にアドバイス　住宅紛争専門弁護士が薦める安心・安全な家づくり　…81

第1　家づくりで失敗しないためには　…82
1・問題が起こるにはその原因がある　…82
2・まず、住宅業界の悪い体質を知ろう　…82
3・家は物ではない　…83

4・消費者にも自己責任がある …84
第2 安心・安全な家をつくる事のできる業者とは？ …84
1・注文住宅は商品を見る事ができない …84
2・一緒に冒険するとすれば？ …84
3・信頼できる業者とは？ …85
4・信頼できない業者はどうやって見抜くのか？ …86
第3 匠の心と技 …88
1・昔の家づくり …88
2・匠の心 …89
3・建築基準法令は不要？ …89
4・今の住宅業者に匠の心はあるか？ …90
5・匠の心の持ち主は希少価値が高い …90
第4 消費者の自己責任 …90
1・日本人は家づくりを知らない？ …90
2・知識がない人にとってはローコストがよく見える …91
3・欠陥住宅による被害はすべて救済されない …91
4・消費者の自己責任 …92
5・「建築の素人」で良いのか？ …93
6・ローコストの本質を考えよう …93

7・あなたは家を「買う」のですか？…94
8・家づくりの勉強が不可欠である…95
第5　夢の実現のために…95
1・夢としての家…95
2・夢をどう伝えるか…96
第6　家のメンテナンスの必要性…97
1・目先だけでなく先々を考えよう…97
2・住宅会社のメンテナンス体制を確認しよう！…97
3・お抱え大工を持とう…98
4・定期点検を「義務だから仕方ない」と思うような会社は三流である。…99
第7　現場進行について…100
1・現場チェック体制を確認しよう…100
2・コンプライアンスの基本は情報開示…100
第8　家を共に愛する…101
1・愛着を失った家に住むということ…101
2・あなたの夢を実現してくれる住宅会社をしっかり選ぶことが何よりも大事…102
3・行列が出来る工務店…103
第9　丁寧に、ゆっくりと…104
1・良い作品を理解できる能力を身につけよう…104

2・最高の設計図を手に入れよう　…105
3・契約は慎重に　…106
4・良い作品はゆっくりと丁寧につくられる　…106
5・家を大事にしよう　…106
第10　最後に　…107

住宅問題豆知識 一口メモ

1・ふかしの契約書は不法行為！　…26
2・悪質リフォーム詐欺事件　…29
3・その坪単価で人が住める家が建ちますか？　―日本住宅新聞より　…33
4・請負契約書に会社の個性が現れる！　…37
5・顧客満足の実践は事故率が低く、利益追求型は事故率が高い　…45
6・消費者契約法違反の請負契約約款が争点となった事例　千葉地裁平成16年7月28日判決　…50
7・住宅会社競合の見積合戦の注意点　…55
8・契約解除トラブルの裁判の裏事情　…59
9・ローコストと追加工事　…64
10・訪販リフォーム業者が起こす住宅トラブル　…69
11・住宅裁判とストレス　…73

第1章

「姉歯問題」は
戸建て住宅でも起こるか？

一　姉歯問題はなぜ発生したのか？

最近、住宅・建築業界ではマスコミ沙汰の大事件が多く発生しています。昨年（2005年）だけでも2月に兼松日産農林元社員による国土交通省認定書偽造事件、4月には悪質リフォーム問題、そして11月にマンションの耐震強度偽装問題が発生しました。

この多くの社会問題を生んだ原因は何か、という事を考えてみると、次の2点が挙げられると思います。

1　住宅業界におけるコンプライアンス（法律やルールを守ること）の欠如

もともと住宅・建築業界はコンプライアンスの意識が高い業界ではありません。他の業界と同様、売上高、利益率を重視し、欠陥についても「バレたら対処しよう」といった後手の姿勢の業者が多いのです。

前述の耐震強度偽装事件、いわゆる「姉歯問題」を見ると、ユーザー意識がローコスト偏重になっている点を販売戦略としてとらえ、その販売戦略上、建築コストが設定され、その決まったコストの中でマンションを建築するために構造計算書の偽装→建築確認許可の取得といった過程を経た訳です。

本来、顧客のためのマンションづくりという観点からは、良質で長持ちする建物を建てよう！という意識が業者に働くはず。

建物の安全性を無視したローコスト偏重主義が姉歯問題発生の原因といえるでしょう。

2　住宅価格競争の光と影

建物の安全性を無視したローコスト偏重主義をユーザー層が受け入れたという点が「姉歯問題」をこれだけ根の深い大問題にしたわけです。

しかし、現実の購入者側は建築についてはは素人がほとんどであり、実際、耐震強度偽装を見抜け！と言われても無理な話です。

そして、今回の耐震強度偽装問題は、欠陥住宅の被害者が１００％補償を受ける事が極めて困難であるという事実を我々に明確に教えてくれました。

欠陥住宅をつかまされてしまうと結果的に消費者は損を押しつけられてしまう可能性が高いのですから、消費者サイドも家づくりの勉強を一生懸命しておきたいところです。

二　家を長持ちさせて幸せに

「長持ちする家が欲しい」と思ったら、大きな地震にも耐え、激しい台風にも耐えるためのしっかりとした構造を確保したいところです。

今回の耐震構造偽装問題では、「経済設計」という言葉が頻繁に報道されていましたが、本来の意味の「経済設計」とは、ムダを省く合理的な工法の事を言います。しかし、建築基準法ギリギリをねらうためにどれだけ鉄筋量を落とせるか、なんていう意味で捉えて家なんかつくったら、きっと長持ちしない家が出来上がるのだと思います。

要するにコストダウンを極める事と、良質な家づくりの概念とは相容れない事を今回の耐震偽装問題は教えてくれたのです。

建材を共同購入する事により、建材の代金が安くなるとか、会社の経営状況が良いので与信リスクが低いため、建材の代金が安くなり、その結果、住宅のコストダウンを図る事ができるという適切なコストダウンはもちろん必要です。

三　安いことはよいことだが落とし穴がある

しかし、この「経営努力」を超えたコストダウンは、必ずどこかに「ひずみ」をつくっています。

例えば、経営状況が悪化した住宅業者が、とにかく赤字工事でも何でも仕事をとって、契約金を稼がなければ倒産してしまうから、という理由で、とんでもなく低い価格で工事請負契約を締結する事があります。

施主のほうも「安く契約ができた」と喜ぶのですが、その2ケ月後、住宅業者が倒産してしまい、家は建たないいは契約金は戻ってこないはで大損をする施主もいます。

また、大工の手間代を値引き過ぎ、腕もモラルも悪い大工が安い単価で工事をし、欠陥住宅が出来上がるという事故も良く起きています。

この「ひずみ」を生んでまでコストダウンをしてはいけない。という事も、これから家づくりをしようと考えている皆様にはよく知って頂かなければなりません。

マンガQ&A

第2章

イメージギャップのトラブルを防止しよう！

CASE 1 イメージギャップのトラブル

解説

やはり、住宅トラブルの多くは、このイメージギャップのトラブルです。

「住宅展示場を見て、その展示場が気に入ったから同じような家を建てて欲しいと頼んだが、現実の家は展示場とは全然違う」という相談もあります。

その原因を調べていくと、その展示場は、通常の家の2倍以上の大きさがあり、そのダイナミックな家に施主は感動したが、実際建築した家は展示場の3分の1程度の延床面積しかなく、イメージギャップが生まれたという実例もあります。

これらのイメージギャップのトラブルは、後々、裁判で消費者を救済するのが非常に難しい事例が多いのが実情です。

その理由は、施主の方は「展示場と同じ家が出来る」と信じ切っており、あまり図面などを見ていないわけですが、実際、契約書に添付された図面通りに建築されたから「契約違反」はないとして施主が敗訴する事も多くあるわけです。

このようなトラブルを防止するためには、**打ち合わせの段階で分からないことは丁寧な説明を営業マンや設計マンに求め、「展示場のミニチュア版」といったイメージで打ち合わせを進めないことが重要です。**「分からない」という質問をすると、面倒くさそうな対応をする住宅会社もいるかもしれません。

しかし、**消費者に対する情報開示は、コンプライアンスの基本です。**

丁寧な説明を拒否し、「大丈夫です。イメージは分かっていますからお任せ下さい。」というような住宅会社は、コンプライアンスの意識が低い可能性がありますので、家づくりの候補から外す方が無難だと言えます。

CASE 2

設計業務義務違反

解説

「私の設計の世界にしばし身を委ねてみて下さい」なんて素敵な言葉を言いながら、独創的な世界に酔いしれる設計者もいます。この場合も、この設計者のポリシーと施主のポリシーが一致すれば、素晴らしい家が出来上がる事でしょう。

しかし、設計者の意図と施主の意図とが全く食い違っていたため、出来上がった家に全く満足できないという施主も住宅トラブルの世界には存在します。

このようなトラブルで裁判になると圧倒的に不利なのは施主。

というのも、**設計者が作成した設計図書に承認印を押し、その設計図書どおりに家が出来上がっていれば、契約違反は存在しないわけです**。

しかし、施主の立場からすれば、設計図書なんて見せられても具体的な家のイメージなんか分からないんだから「私の設計の世界にしばし身を委ねてみて下さい」という言葉を信頼するしかないじゃないですか！という事になるでしょう。

その気持ちは痛いほどわかります。

このような事案では、そもそも契約図面の前提となった設計業務に問題があったとして設計業務義務違反の主張を建築裁判で展開する事となるのですが、施主が勝訴していく事は難しいのです。

注文住宅の建築は、芸術作品の創作ではありません。

ですから、**設計者にすべてお任せというのではなく、自分の夢を設計者に積極的に的確に伝えるようにしましょう**。この夢を聞いてくれないような設計者であれば、勇気を出して設計をお断りすべきです。

後々、イメージが違う住宅を建築されて後悔しても遅いですから。

CASE 3

引き継ぎ不足

設計打ち合わせ
まず クロスは どんなイメージが いいですか?
設計マン
営業の田中さんに伝えてありますが……
それでは床材の仕様は…
それも田中さんに伝えました
そして家は完成段階へ
どうして クロスは真っ白なの? 柄の付いたおしゃれなものをお願いしてたのに!
床だって杉じゃないか! なぜ檜じゃない?
打ち合わせの段階で何も言わなかったでしょ
あんたが営業マンからちゃんと聞いてないのが悪いんだ!

解説

ハウスメーカーやパワービルダーでは、営業マンと設計マンが別々にいて、詳細な仕様については改めて設計マンが施主と打ち合わせを行う事が良くあります。施主の立場からすれば、営業マンに一生懸命説明したことをもう一回設計マンに一から説明するのでは面倒くさいでしょう。

住宅会社のほうでも、そのような手間をとらせないようにと営業マンと設計マンとの間でしっかりと引き継ぎを行うのが通常ですが、**営業マンと設計マンの仲が良くなかったり、設計マンが緻密ではない人であったりすると、この引き継ぎが十分に行われず、事例のようなトラブルに発展することがあります。**

また、引き継ぎの書類としては、図面や仕様書が中心となるため、メモが取られていない打ち合わせ事項については、引き継ぎを行うことが難しいという難点があります。

施主の方でも、失敗しない家づくりのためには、「営業マンに伝えてあるから」と安心しきってしまうのではなく、設計打ち合わせの段階でもう一度仕様を確認するという意味でも、色や柄、材質などの確認を行うことをお勧め致します。

また、この引き継ぎ不足という観点から言うと、設計事務所と施工工務店との意思疎通の欠如により、施主のイメージと違う施工がなされる事もあり、この業者間の意思疎通の欠如がイメージギャップのトラブルを生むこともあるのです。

イメージギャップの事故を防止するためには、設計マンへの引き継ぎにあたっては、営業マンが打ち合わせに同席して引き継ぎ不足を回避する等の事故率防止の取り組みが取られることが理想です。

引き継ぎ不足で家づくりに失敗しないためにも、このような丁寧な引き継ぎを行うコンプライアンスの意識の高い業者を選んで頂きたいと思います。

CASE 4 仕様の押し付け設計マン

では打ち合わせをはじめさせていただきます
よろしくお願いします
設計マン
クロスはどのクロスにしましょうか
そうだねえ……
これもいいわね
いやあれもいいよ
イライラ
このホワイトのクロスがおすすめですっ！
これにしましょう！
ばっ
びしっ!!
次の打ち合わせがあって 時間がないんです！私にまかせてください！
床材はコレ！トイレの色はコレが一般的！台所は……
こっちの要望も聞いてくれ！私たちの家なんだぞ！
そうよ！そんなの私たちの家じゃない！

解説

これも設計マンに良く見られる光景ですが、施主との設計打ち合わせの席で、「色はホワイトでいいですね。品番はこれでいきます」と、どんどん自分の都合で仕様を決めていってしまう人がいます。

設計マンにしてみれば、施主に「どれにしようかな」と悩まれてしまっては時間の無駄だという事で仕様を決めつけてしまうのでしょうが、往々にしてこのような設計マンの現場でイメージギャップのクレームが出てしまうものです。

因みに設計マンは、依頼者が言葉・文章・見本などで示した依頼者の要求・注文に、客観的に見て、従っていると判断できる設計をする義務を専門家責任として負う事となります。

この専門家責任を全うするためには、まず、**依頼者である施主の意向を十分に聴取する義務を負うこととなり、これを怠ると設計業務義務に違反する債務不履行となってしまいます。**

施主である皆さんも、一生に一度の大事業としての家づくりをするわけですから、一つ一つの仕様を悩みながら決めていきたいものです。

色見本やカタログなどを打ち合わせの前に入手するなどして自分で仕様を決めていくのも家づくりの楽しみだと思います。

そして、これらの意向をカタログなどの客観的な資料と共に設計マンに伝えたにもかかわらず、図面に反映されていない場合には、設計業務に債務不履行があったとして住宅会社に対し、責任追及をすることができます。

CASE 5 契約締結に至る打ち合わせは慎重に

解説

よく、欠陥住宅の被害者となってしまった施主が発する言葉に「私は素人だから建物の専門的な事についてはわからない。業者の言いなりになるほかなかった」という言葉があります。

例えば、事例のように、施主が「ホテルのスイートルームのような家をつくって欲しい」という要望をし、これに対し、業者が「わかりました」というと、満足してしまい、図面や仕様の確認をしないままに契約を締結してしまう施主もいるのです。

しかし、家というのは一生に一度の大変大きな買い物です。

イメージギャップによるトラブルというのは、本当に多いのです。

そして、このトラブルの被害者が全員救済されるかというと、必ずしもそうとは言い切れません。

裁判上の重要な証拠となる契約書添付の図面も、デザインの詳細までは記載されないものである以上、コンプライアンスのない業者に「そんな意向は聞いていない。言う通りに施工した」と主張されてしまうと、「言った言わない」紛争になり、何も証拠を持ち合わせていない施主は不利となる事もあるのです。

やはり、契約前に、徹底的に隅から隅まで自分の意向に添うかどうか打ち合わせを重ね、ショールームにとどまらず、モデルハウスや当該業者が以前建てた家などを見学し、しっかり各部についての仕様のイメージを固めた上で契約書に調印すべきでしょう。

住宅問題 豆知識 一口メモ ① ふかしの契約書は不法行為！

もともとお金はないけれど、賃貸住宅の賃料と同じくらいの住宅ローンで済むなら家が欲しい、と思われる方も多くいらっしゃる事と思います。

また、何とか土地は買ったけど、自己資金はすべて土地代に使ってしまい、建物を建てるお金がない、という方もいらっしゃる事でしょう。

そんな自己資金がない施主に対し、住宅会社から「自己資金がなくても大丈夫です。“銀行用の請負契約書”を作れば良いのですよ。金額をふかした契約書を作れば、より多くの金額を住宅ローンとして借りられますから。」と誘われる事もあるかもしれません。

今まで、住宅業界においては、ひんぱんに金融機関用の「ふかし」の契約書が作成されてきました。

しかし、ふかしの契約書を必要とする施主は、もともと自己資金すら準備できない施主です。中には住宅ローンを支払っていくことができなくなり、住宅ローン破産をする人が激増したことは皆様もよくご存じのことでしょう。

住宅会社が「積極的に債務者の資力（返済能力）自体を偽り、早晩の保険事故発生を認識予見しながらふかしの契約書を作成した」と言う場合には、ふかしの契約書を作る行為は金融機関に対する詐欺行為になってしまいますので、注意をしましょう。

マンガ Q&A

第3章

ダマされないために知ってほしい！
景品表示法（広告・宣伝）と消費者契約法

◎契約締結時に悪質業者を見抜くには

注文住宅の世界は、誇大広告の雨あられです。

この誇大広告に欺され、契約をしてしまってから後悔をする施主も沢山います。

例えば、健康住宅ブームになれば、「化学物質ゼロの家」なんていう広告が出るわけです。

酸素だって二酸化炭素だって化学物質です。どうして化学物質ゼロの家なんて建てられるんですか！

私は本当に腹立たしく思っているのですが、法律も知らない常識もない人たちが「ただ売れれば良い」と考えて広告を作るとこんな広告になります。

これに対処するには、**不当景品類及び不当表示防止法（以下景品表示法）**の知識が必要になります。

また、はっきりいえる事として、どんな悪質業者も最初は「１００年住宅」とか「フリープラン」だとか「家を売るのではなく、つくり上げるという感覚で設計・施工を楽しませて頂きます」など、適当な事を言うのです。

そして、施主に対して美辞麗句を並べ立て、施主が淡いイメージを抱いたところで、「契約書に署名捺印をして下さい」と迫ってくるわけです。

ところが、この契約書に添付された図面や仕様書が、実際の営業マンの説明と全く異なるものだったという事件も現実に起きています。

そして、悪質業者は、契約内容通りの家をつくったのだからとイメージギャップを主張する施主を尻目に逃げてしまうのです。

このような哀れな施主を救ってくれる法律が**消費者契約法**です。

以下では、景品表示法と消費者契約法の概要をご説明致します。

住宅問題 豆知識 一口メモ ② 悪質リフォーム詐欺事件

2005年５月、埼玉県富士見市に住む高齢の姉妹が、約5000万円もの自宅のリフォーム工事を繰り返され、自宅が競売にかけられていた事件が発覚しました。

認知症（痴呆症）の姉妹に、16もの業者が群がり、不必要な工事、架空の請求等を繰り返していたのです。

この姉妹は築30年の木造２階建ての自宅で仲良く暮らしてきました。ともに未婚で、東京・霞が関勤めの公務員と証券会社社員でした。

５月９日、地元の警察署員らが状況把握のため姉妹宅を訪れた際も80歳の姉は「なんでかね、たくさんの人が来るよ」と話し、78歳の妹は部屋の隅で洗濯物を見つめており、事態がのみ込めない様子だったそうです。

この姉妹は複数のリフォーム業者に勧められるまま、約50平方メートルの自宅に３年間で繰り返していたリフォーム工事は4700万円以上もの金額で、少なくとも4000万円はあった全貯蓄はなくなり、自宅が競売にかけられたため、近所の人が異変に気づいたそうです。

このような悪質な業者が多いのがリフォーム業界。

この悪質リフォーム業者を撲滅しようと、訪問リフォームを規制する特定商取引法が平成16年11月に改正され、規制が強化されましたが、依然として悪質リフォームの被害は発生しております。

やはり、消費者である皆さん自身が、「悪質な営業マン」から身を守る術を習得され、被害に遭わない事が肝要です。

CASE 1 ローコスト住宅の広告のどこに注意したら良いか

解説

最近、坪20万円台で家を建てます！　という驚くような数字を示した広告を良く目にします。

こういう広告をどうして打てるのか、という疑問については、経営努力が充実しているからだという声が聞こえてきたり、他方で大工手間を値切っているからローコストが可能なんだという声が聞こえてくる事もあります。

また、この坪単価表示のマジックにそもそも問題があるのではないか、という指摘もあり、議論は尽きないところです。

現実の法律相談事例では、当初、坪単価20万円台で家を建てます！というキャッチフレーズに惹かれて打ち合わせを開始したが、押し入れやベランダはオプション工事といった具合に、あれもこれもオプション工事と言われて結果的に坪単価は40万円台になってしまったという話を聞きました。

また、こういったローコストの住宅業者は日常的にこのオプションによる価格つり上げを行っており、通常の顧客は坪単価40万円台で請負契約を締結するといった話を聞くこともあります。

設例のような広告は、景品表示法違反となる可能性があります。

景品表示法第4条2号は、「商品又は役務の価格その他の取引条件について、実際のもの又は当該事業者と競争関係にある他の事業者に係るものよりも取引の相手方に著しく有利であると一般消費者に誤認されるため、不当に顧客を誘引し、公正な競争を阻害するおそれがあると認められる表示」を不当表示として禁止しています。

従って、実際の住宅建築価格と異なる表示又は事実に反してはいなくても、誇張して実際のものよりも顧客に有利な事項を表示してはいけない事となるのです。

この「実際のものよりも著しく有利である」と一般消費者に誤認される例として、川井克倭・地頭所五男著「Q&A景品表示法」229頁には、宅地について、1㎡あたり30万円から40万円であるのに、「1㎡20万円より」と表示したものを不当表示の例として挙げています。

この表示が不当表示であれば、**坪40万円の仕様にならなければ実際には住めない住宅について、坪20万円台と表示する行為が不当表示に該当するのは明白と言えるでしょう。**

景品表示法違反の広告については、同法6条により排除命令の対象となるのです。

このようなローコスト広告が景品表示法違反であるとしても、現実に公正取引委員会が重い腰を上げて排除命令をバンバン下すということは現実にはありません。

その結果、ローコスト広告が横行し、その広告を見て「安い」と勘違いした消費者がローコストメーカーに群がる現象が生じています。

そして、住宅業界においては「集客」が何より大事な概念である事から、そのローコストメーカーの営業手法が「良い」方法と勘違いされ、住宅業者もどんどんローコストの広告を打ち始めるという悪循環が生じてしまっています。

コスト面で裏切られたくないと考えている皆様は住宅会社のローコスト広告を鵜呑みにせず、慎重に検討する事をお勧めします。

住宅問題 豆知識 一口メモ ③

その坪単価で人が住める家が建ちますか？

—日本住宅新聞平成17年4月25日号「失敗しない家づくり」より

家を建てたいと計画している方なら、坪単価という言葉を耳にしたことがあると思います。一般に坪単価とは、建築費を延床面積で割り算し、それを１坪（３・３m²）あたりいくらと表したものです。

しかし、坪単価が指す「建築費」、「延床面積」の範囲は法律上、統一した定義が無いのです

だから坪単価×坪数で人が住めない家しか建たない場合もあるのです。

一般に延床面積とは、建築確認申請に必要な法定面積を指します。しかし某ローコスト住宅メーカーは、坪単価を算出する際、それよりも広い施工・工事面積を元に割り算しています（軒下、バルコニーなども含む）。これでは割り算の分母が大きくなるので、分子にあたる坪単価が安くなるのは当たり前です。

そんなマジックを行っているのは“客釣り”のためです。

数年前「坪19万8000円」という謳い文句で、客釣りをしている業者がいました。何も知らないあるユーザーは「企業努力をしている」と勝手に思い込み、その会社の住宅展示場を訪れたのです。

そのユーザーは、そこでビックリしました。坪単価に示されている仕様には設備工事や外構工事が含まれていなかったからです。さらに、「建築経費」という名目で100万円以上の金額がかかることも分かりました。そして、自分の要望を出すたびに「オプションです」と答えられ、結局単純計算すると、坪45万円になってしまったといいます。

その要望は、平成の時代に住む人にとって、決して贅沢ではないごくあたりまえの内容だったのです。つまりその業者は、「現代人が住めない家」の坪単価を、提示していたことになります。

そのユーザーは、詐欺紛いだと感じて、二度とその展示場を訪れませんでした。しかし、これは詐欺ではありません。最終的にお客様が納得して契約すれば何も問題ないからです。それでも、「契約に至るまでの交渉プロセスはどうでもいい」という考えはおかしいと感じる人も少なくありません。

お客様にしても、安い坪単価にさまざまなオプションが上乗せされる交渉プロセスと、坪単価×坪数が標準仕様の工事価格とピタリ一致し、その上で仕様について様々な検討ができる交渉スタンスでは、受け取るイメージも違うはずです。

それならば、何故最初から、実質坪単価を表示しないのでしょう。

安い坪単価表示の最大の目的は、より多くのお客さんを集め、いかに早く契約申込書に判を押させることにあるからです。判さえもらってしまえば、施主都合で解約するとき、違約金の支払い義務が生じますので、そう簡単に解約しないからです。

そして、よく行われるのが「仮契約」の調印。“ただいまキャンペーン期間中”ということで、図面もないのに、ただでさえ不明確な坪単価をさらに割引するというキャッチフレーズで集客します。そして半ば強引に仮契約の判をもらうのです。その仮契約が、３～４年先の工事の仮契約ということもあるというから驚きです。

しかし、こうした業者ばかりではありません。坪単価を適正表示している工務店もたくさんいます。

ある工務店は、庭工事、組み込みでない車庫工事、地盤改良費以外はすべて坪単価に反映しております。家が建った後すぐ入居しても、平成の時代に、当たり前といわれるレベルの住生活ができる家が建つのです。

坪単価表示をしている業者を中傷しているのではありませんが、それは目安に過ぎません。必ずその内訳を確認しましょう。そして、間接費までを含んだ工事費の総額を確認してから契約しましょう。もし、異常に安い坪単価を強調してばかりいるようなら、一言言ってあげて下さい。「その坪単価で人が住める家が建ちますか？」と。

CASE 2

契約内容説明に注意

（消費者契約法第３条関連）

工事契約書
ペタッ!
これでヨシ!
ありがとうございます 全力でいい家を作ります
契約の内容に関する詳細は契約約款をごらんください
しかし建築中の様々なトラブルで工事が遅れた
ザー
なぜ中間金を払わなければならないんだ?
そのことは契約約款に書いてあります
そんなもの詳細まで読んでないよ!
でも 契約約款に書いてある以上お願いしますよ でないと材料費の立替が続かないんですよ
ググッ!

解説

住宅トラブルを抱えた施主から法律相談を受けると、「契約約款の中身も確認させてもらえなかった」「契約内容の説明も一切なかった」という事例が多くあります。

消費者契約法3条は事業者に以下の2点について努力義務を定めています。

① 明確かつ平易な契約内容

第一点は、消費者の権利義務を含めて「契約の内容」が、通常の消費者にとって、はっきりと分かりやすく表現するように配慮することです。これまで、契約（書）の文言は、内容についての法的な正確さを確保するために、一般の人たちにはなじみの薄い法律用語をそのまま使うか、あるいは教科書などで用いられている法律家独特の用語を綴って、契約条項の言葉とするのがならわしです。内容の正確さをいうのであれば、定義の明確なこれら法律用語を用いるほうがよいのですが、素人（平均的な消費者）にとっては、これらの法律用語の羅列が、必ずしも内容を明確にすることにはなりません。むしろ難しすぎると一般には思われています。したがって、事業者にとっては困難でしょうが、契約（書）作成に当たり、難解な法律用語はできるだけ避けて、やさしい言葉で契約内容を表現するよう努力することが望まれています。

② 第二点は、契約を結ぼうとして勧誘する際には、「消費者の理解を深めるために、消費者の権利義務その他の消費者契約の内容についての必要な情報を提供するよう努める」ことが求められています。

以上二つの要求から、事業者は、ただ契約書を消費者に渡して読ませ、これに署名捺印を求めるのではなくて、さらに口頭で具体的な権利義務関係その他の契約（書）の記載内容、あるいは個別の契約条項の意味などについて説明するなどして、十分な情報提供を行い、契約内容などについて消費者の十分な理解を深めた上で、契約することが求められているのです。

コンプライアンスの意識のある住宅業者は、このような消費者契約法に違反するような営業はしませんので、しっかり約款も含め、丁寧な説明がなされると思いますが、コンプライアンスの意識が不十分な住宅業者だと、約款の説明も何もなされない可能性があります。

また、住生活基本法（案）第8条2項は、「住宅関連事業者は、基本理念にのっとり、その事業活動を行うに当たっては、その事業活動に係る住宅に関する正確かつ適切な情報の提供に努めなければならない。」と規定しており、情報の提供こそ、事業者の重要な役割であることを明文化しています。

契約約款も大切な契約内容ですので、施主となる皆様方もしっかりとした説明を住宅業者に求めていきましょう。

住宅問題豆知識 一口メモ ④ 請負契約書に会社の個性が現れる！

工事請負契約書として、一般的に使用されているものに民間連合（旧四会連合）のもの、住宅金融公庫監修のもの、日本法令のもの等があります。

その中で、大手ハウスメーカーや大手ＦＣは自前で工事請負契約約款を作成しています。

自前で工事請負契約約款を作成する事の最大の意味は、「自社にあったオーダーメイドの契約書を作る」という点にあるのですが、時には住宅会社側に圧倒的に有利で施主側に著しく不利な契約約款もあるのです。

契約約款というのは、何も問題なく工事が進行し、無事、建物完成に至れば、使われないのですが、何かトラブル等があると、トラブル解決の道しるべとなります。

この道しるべが圧倒的に業者有利だと施主に損を押しつけるような紛争解決となりかねません。

やはり、しっかりと契約前に請負契約約款の内容を確認しておきましょう。

なお、この請負契約約款に住宅業者の会社理念や考え方、即ち個性が凝縮されているケースもあります。

住宅会社選びの基準の一つとして、この契約約款の内容を見比べるという方法もありますので、実践してみて下さい。

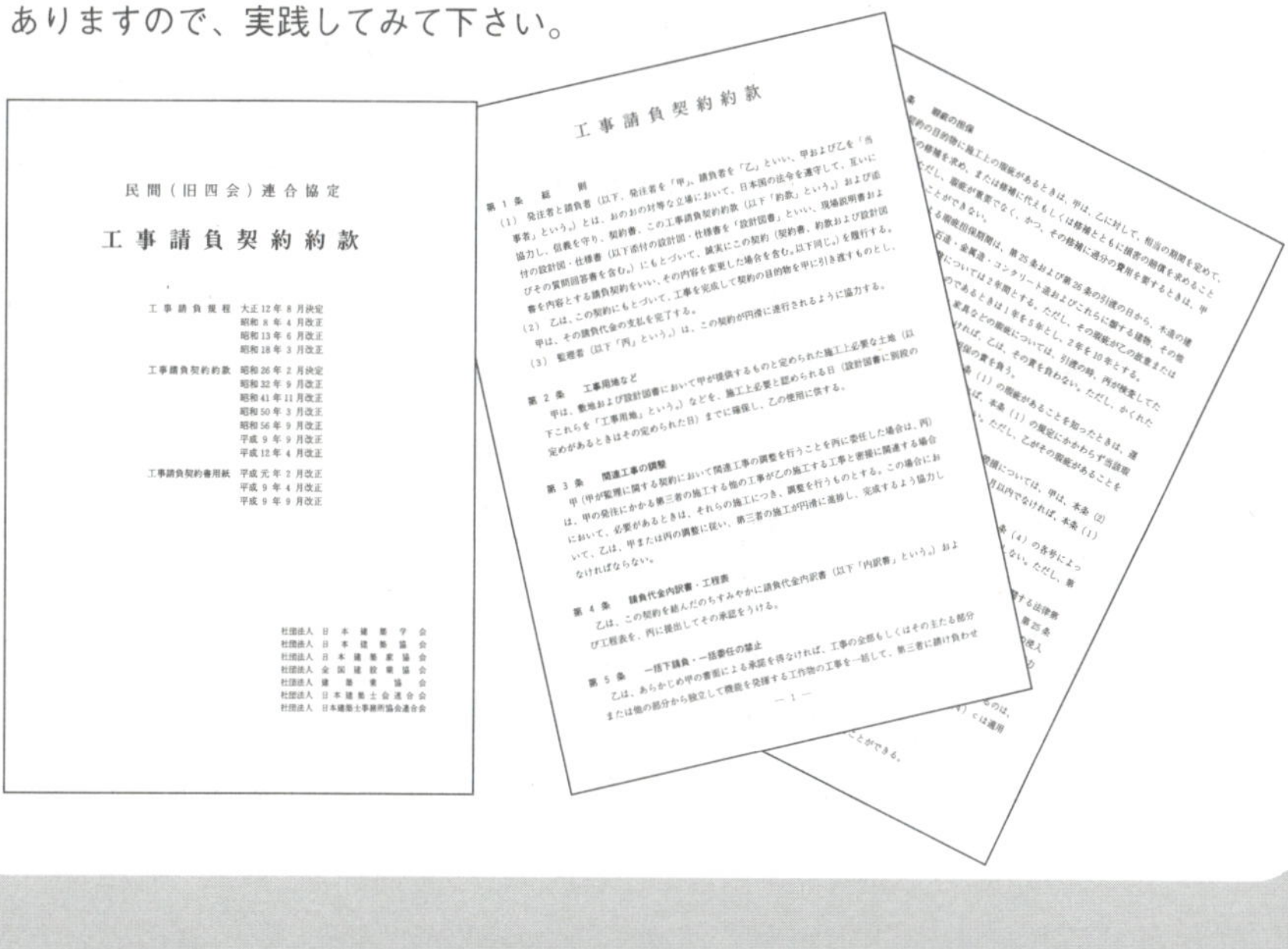

民間（旧四会）連合協定

工事請負契約約款

工事請負規程	大正12年8月決定
	昭和8年4月改正
	昭和13年6月改正
	昭和18年3月改正
工事請負契約約款	昭和26年2月決定
	昭和32年9月改正
	昭和41年11月改正
	昭和50年3月改正
	昭和56年9月改正
	平成9年9月改正
	平成12年4月改正
工事請負契約書用紙	平成元年2月改正
	平成9年4月改正
	平成9年9月改正

社団法人 日本建築学会
社団法人 日本建築協会
社団法人 日本建築家協会
社団法人 全国建設業協会
社団法人 建築業協会
社団法人 日本建築士会連合会
社団法人 日本建築士事務所協会連合会

工事請負契約約款

CASE 3 嘘とは知らずに契約をしてしまった場合
（消費者契約法第４条１項１号　不実の告知）

解　説

消費者契約法第4条1項1号は、①消費者契約の締結について勧誘をするに際し、②重要事項について③事実と異なることを告げ、④これによって消費者が告げられた内容が事実であると誤認した場合に、契約を取り消すことができると定めています。

住宅トラブルを見ていると、やっぱりオーバートーク、誇大広告を信じた施主が契約後に「実はウソの説明を受けていた」と後悔する例を多く見ます。

この場合、消費者契約法の不実告知に該当する事を理由に請負契約を取り消す事が出来ます。

設例では、住宅業者は、F☆☆☆の建材にはホルムアルデヒドが含まれていないと勘違いをしていたようですが、消費者契約法上の不実告知の場合、**住宅業者が真実でない事を知っていようがいまいが関係なく、客観的に示された勧誘内容が真実ではない場合には、契約取り消しができる事となっております。**

従って、設例の事例では、施主は請負契約を取り消すことができます。

この点が、民法上の詐欺と消費者契約法上の不実告知の違いです。民法上の詐欺取消の規定の場合には、ウソを言った人間に「欺してやろう」という意思（故意）が必要となるのです。

従って、営業マンの勘違いに基づくオーバートークの被害者は民法上の詐欺取消の規定では、救済されなかったのですが、平成13年に消費者契約法が施行され、不実告知に該当する場合には、営業マンの勘違いに基づく場合であっても、それが契約の重要事項に該当する場合には、請負契約を取り消すことが出来る事となったのです。

CASE 4 周辺環境についての説明に断定的判断の提供があった場合
（消費者契約法第４条１項２号　断定的判断の提供）

解説

消費者契約法第4条1項2号は、①物品、権利、役務その他の当該消費者契約の目的となるものに関し、②将来におけるその価額、将来において当該消費者が受け取るべき金額その他の将来における変動が不確実な事項につき③断定的判断を提供し、④消費者が当該提供された断定的判断の内容が確実であると誤認して締結した契約は取り消すことができると定めています。

この条文の中で特に問題となるのが②です。いかなる事項が「将来における変動が不確実な事項」に該当するのかと言う点です。

例えば、分譲地の販売を考えた場合、施主は周辺環境について大変な興味を持ちます。今はすばらしい住環境であっても、その良い環境が将来まで保たれる保証はどこにもありません。まさしくこの周辺環境こそ将来どのように変容するのか誰も全く予測できない事項であり、将来における変動が不確実な事項にあたると言えるでしょう。

例えば、施主から「私たちは日照が大変気になるのです。南側隣接地にビル・マンションなどの大きな建物が建つおそれはありませんか？」という質問がなされた場合に、特に調査もせずに、営業マンから「ありません。大丈夫ですよ。」と断定的な判断の提供がなされたとしましょう。しかし、建物建築後間もなく南側隣接地に高層マンションが建設され、当該敷地・建物が全く日照を得られない状況となった場合には、消費者契約法違反で契約取り消しができるケースもあるのです。

なお、消費者契約法上の取消権は、①追認することができる時から6ケ月間行使しないとき、または②消費者契約の締結時から5年を経過したときに消滅するとされています（7条）。

従って、**契約時から5年間は取消権を行使できます。**

CASE 5 利点ばっかり説明され欠点を言わなかった場合
（消費者契約法第 4 条 2 項　不利益事実の不告知）

解説

利点ばっかり強調するが、欠点はひた隠す、といった行動をとる住宅営業マンもいます。「だって、欠点なんか言ったらお客さんが尻込みするじゃないですか。そんな話は契約してからですよ。」と平然と言う住宅営業マンもいます。

しかし、このような欠点を故意に隠されてしまうと、契約をして後悔をするのは確実です。

消費者契約法は、①事業者が消費者に対してある重要事項又は当該重要事項に関連する事項について当該消費者の利益となる旨を告げ、かつ②当該重要事項について当該消費者の不利益となる事実を故意に告げなかった場合に、②がないと誤信して消費者が契約を締結した場合に、消費者はこの契約を取り消すことが出来る旨規定しています。

設例のような建物の開口を広げることにより、構造の安全が確保されず、建築基準法違反となってしまうような事態はまさしく「当該消費者の不利益となる事実」に該当するのです。

もっとも、住宅営業マンの方が欠点を説明しようとしたが、施主がその説明を拒んだ場合は、取り消しができなくなります（消費者契約法第4条2項但し書　消費者が情報提供を拒んだ場合）。

では、例えば、「開口が大きくなりますので、地震には弱くなります。」といった具合にオブラートに包んだような言い方で営業マンが説明をした場合はどうでしょうか？

営業マンが説明しようとする言動の内容や程度によっては、施主は営業マンの説明を聞けば、建築の構造上問題が出るという不利益事実が存することを十分予測できる場合もあります。

その様な事例では**誤認したことについて施主に重過失があると考えられますので、消費者契約を取り消すことができなくなる場合もあるのです。**

もっとも設例のような構造上の問題が出てしまうという重要事項について、コンプライアンスの行き届いた住宅業者であれば、いくら施主が聞く耳をもたないようであっても、しっかりと説明がなされるはずです。

トラブル・事故を防止しようと考えるコンプライアンスの意識の行き届いた住宅業者は、「欠点」についてこそ、施主に良く理解してもらおうと考え、一生懸命説明をするものです。

これに対して、コンプライアンスの意識が希薄な住宅業者は、「契約」さえ取れれば良いと目先の事しか考えていませんので、「欠点」を教えてくれません。

そうすると、契約後に致命的な欠点が判明し、契約解除トラブルに発展する事も多いのです。

トラブルになると施主の心労も大変です。

やはり、トラブル回避のためにもコンプライアンスの意識の行き届いた住宅業者と契約をしたいものです。

住宅問題豆知識 一口メモ⑤ 顧客満足の実践は事故率が低く、利益追求型は事故率が高い

姉歯事件で登場した住宅会社や設計事務所が「建築基準法ぎりぎり」を追求していたという話やその「ぎりぎり」ねらいの間違った「経済設計」という言葉を聞いて、ゾッとしたのは私だけでしょうか。

「ぎりぎり」を追求すると、どうしても一線を踏み外して違法ゾーンに入ってしまう事故率が高まります。

この事故率を防止すべく、今、住宅業界では、各住宅会社毎により安全な住宅建築のための施工基準や現場チェックリストを備え、「ぎりぎり狙いではなく、より安全な住宅を提供しよう」という取り組みが始まっています。

「法律ぎりぎり」を追求するという事は、自社の利益率を向上する手段として利益追求型企業が良く使う手です。この利益追求型企業には顧客満足の思想が希薄ですから、今回のような事故を起こすのです。

契約約款の丁寧な説明を含め、現実の家の姿や大事な契約内容を詳細に説明してくれる業者がやはり顧客の立場に立った顧客満足型思考をもった業者の姿です。

皆さんも住宅会社の何気ない営業スタイルをよく観察し、この会社は「利益追求型」なのか「顧客満足型」なのかの見極めをするようにしましょう。

CASE 6 契約締め日が近いのでお願いします！というセールストークはいいんですか？

解説

消費者契約法は、事業者から消費者への不適切な強い働きかけ（不退去と監禁）により、消費者が困惑し、それによって消費者契約の申込み又はその承諾の意思表示がされたときは、これを取消すことができるものとしています。（消費者契約法4条3項参照）

ですから、お客から帰って欲しいと告げられたにもかかわらず帰らない場合には、不退去という困惑行為にあたり、後日、お客は契約を取り消すことができることとなります。

「月末の締め日が近づいておりまして、今日契約を頂かないと一家離散となってしまいます。お願いですから契約書に印鑑だけ押してください。」と頼み込み、お客から帰って下さいと頼まれても、4～5時間粘って契約を取っている営業マンは、住宅業界においてはよく見られたものですが、このような勧誘によりお客が契約を締結したとしても、それは営業マンにとっての満足にしか過ぎず、一生に一度の大きな買い物をするお客にとっての顧客満足には全くつながりません。

「帰って下さい」と声に出して明確に言われているにもかかわらず、これを無視して強引に契約する行為がコンプライアンスに反する違法（消費者契約法違反）な行為であるということを皆さんには是非知って頂き、そのようなコンプライアンスのない業者との契約は差し控える方が賢明と言えます。

決断力がない人の背中を無理矢理押すのではなく、抜群の商品力・対応力で対応する正義感のある住宅業者と契約をして頂き、トラブル回避に努めて頂きたいと思います。

CASE 7 消費者契約法違反の契約約款は無効です

あら この住宅業者 すごくローコストよ
よし! 頼むか
ということで これが契約書です
ふーん
な なんだい これは?
●住宅業者は瑕疵担保責任は一切負いません
●下請業者の過失による損害については住宅業者は一切責任を負いません
●施主が支払期日までに請負代金を支払わないときは年29・8%の違約金を申し付けます
エトセトラ
はいっ! うちはローコスト住宅メーカーですから…
それはわかってる
ノーリスクで取引させてくださいっ!
だめだこりゃ〜!

解説

1 瑕疵担保責任を免除する約款は無効（消費者契約法第8条）

民事法の大原則に**私的自治の原則**というものがあります。

この私的自治の原則は、当事者間に特別の約束・合意があるときは、できるだけそれを優先させる建前を言うのですが、それをうまく利用して契約書を作成する業者は設例のような自己に一方的に有利な、相手方に著しく不利益な契約を結ばせる弊害が現れました。

このような契約は明らかに不当であることから、消費者契約法は、第8条において一方的に消費者に不利益な条項を無効とする旨の規定を設けたのです。

消費者契約の仕事の目的物に瑕疵があるときに、当該瑕疵により消費者に生じた損害を賠償する事業者の責任の全部を免除する条項は無効となります。

2 下請業者の過失により生じた損害について免責という条項も無効

消費者契約法第8条1項「事業者の債務不履行により消費者に生じた損害を賠償する責任の全部を免除する条項」の「事業者」には、事業者に使用され、その履行を補助する者、したがって、たとえば従業員はもちろん、下請業者、孫請業者なども含む事となりますので、**下請業者の過失により生じた損害についての責任免除条項は、消費者契約法8条1項違反となり、無効となります。**

3 違約金は取りすぎてはいけない

消費者契約法は、消費者の義務を著しく重くして一方的に不利益を押しつける特約である**不当に高利の違約金条項を無効とすることとし、その金利の上限として年14・6%を超える違約金条項はその超える部分に限り無効としています。**

住宅問題 豆知識 一口メモ ⑥ 消費者契約法違反の請負契約約款が争点となった事例 ―千葉地裁平成16年7月28日判決

平成16年７月28日、千葉地方裁判所（小林正裁判長）は大手フランチャイズ・チェーン（以下ＦＣ）本部が作成した工事請負契約書を消費者契約法違反と断じる判決を言い渡しました。

事案は、ある施主が大手ＦＣに加盟する工務店との間で工事請負契約を締結したのですが、その直後に契約解除に至ったケースです。

工務店は工事請負契約書に「施主の都合で契約を解除するときは工務店に対し請負代金額の20％に相当する違約金を支払わなければならない。」という請負契約約款が存在したことから、施主に対し、請負代金額約2000万円の20％にあたる約400万円の賠償を請求しました。

これに対し、施主は請負契約を締結して間もない段階では、まだ400万円に相当する仕事などしていない。このような約定は、消費者契約法第９条に違反する無効な契約約款であると反論しました。

消費者契約法第９条１項は違約金を定める条項を設ける場合に、その違約金の額が当該事業者に生ずべき平均的な損害の額を超える場合には、その超える部分について無効となると定めています。

ところが、ハウスメーカーや大手ＦＣの契約約款には、本件と同様、施主が契約解除する場合には、請負代金額の20％に相当する違約金を支払わなければならないと定めているケースが多かったのです。

この点、千葉地裁は、消費者契約法第９条１項に定める平均的な損害の額について工務店が具体的に、このぐらいの損害が発生するという立証責任を負うものと判断して、その立証がない以上20％の違約金条項は無効となると判断しました。

現実に営業的なアプローチしかしていない業者に請負代金額の20％（本件では400万円）もの損害が発生する訳はないのです。工務店とすれば、要するにこのような違約金条項を設けることにより、施主の解除を防止したいと狙うところであるのでしょうが、この千葉地裁判決によりこのような施主にプレッシャーを与えるような企業姿勢は改めなければならないことになりました。

マンガQ&A

第4章

契約解除と「言った言わない」トラブル対策

CASE 1 営業途中で断ったら損害賠償を請求された

解　説

建築請負契約は、一般的には、次のような過程を経て締結されます。

(1) 接触段階

施主は、まず、建築業者等に関する情報を収集して、自分の希望する建物を適切かつ安価に建築することができると思われる建築業者を選定し、その業者に対し、自分の希望する建物の概要や予算等を伝えて、接触することとなります。

建築業者も、建物建築予定者が示した条件等に照らして、具体的な契約締結交渉に入るかどうかを決めることとなります。この段階では、建築請負契約の要素である建築物と報酬が確定していないから、建築請負契約が成立していないことは明らかです。そして、**この段階では、当事者間には、契約成立に対する信頼関係も生じていませんから、一方の当事者が接触を打ち切っても、原則的には、法的問題は生じません。**

(2) 契約締結準備段階

当事者間の接触により、具体的な条件さえ合えば、建築請負契約を締結することができるとして、当事者双方が建築請負契約の具体的内容について協議を開始し、場合によっては、当事者が契約締結に向けて、設計図書の作成、資金及び建築資材の準備等を行う段階に至ります。**この段階になると、一方の当事者が契約成立に対する相手方の信頼を裏切って、契約締結を拒否した場合に、相手方が締結されるものと信頼して、既に種々の準備を行っていたときには、それに伴う損害を賠償すべきか否かが問題となります。**これが契約締結上の過失とか契約締結の準備段階における過失といわれる議論です。

(3) 事実上の合意段階

当事者が建築請負契約の具体的な内容について交渉した結果、建築物の仕様や代金等についてほぼ合意に達し、契約書の作成を残すのみとなった段階に至ります。**この段階に至ると、当事者は、正当な理由なく契約締結を拒否すれば、それによって相手方に生じた損害を賠償すべき責任を負うことになります。**しかし、その賠償の範囲が契約締結準備段階で交渉が破棄された場合と同じなのか、それともそれよりも賠償範囲が広いのかが問題とされます。

（4）契約締結段階

事実上の合意の後、多くの場合は、当事者間で建築請負契約書等が取り交わされて、建築請負契約が成立します。この段階では、他の契約でも問題となる錯誤等の問題が生ずることはありますが、建築請負契約が有効に成立している以上、**債務を履行しなかった当事者間は、相手方に対し、債務不履行責任を負うこととなります。**すなわち、債務を履行しなかった当事者は、相手方に対し、他の債務不履行と同じく、**債務不履行と相当因果関係のある損害について賠償責任を負うこととなります。**

このうち、理論上は、（2）契約締結準備段階に至ると、契約を締結しなかった施主に対し住宅会社は実費などの損害賠償を請求することができることとなるのです。

従って、この段階に至っていたという事になると、**施主は実費負担程度は支払わなければなりません。**

住宅営業マンの中には、「お客様。恐縮ですがこれ以上のプランのご提示については、契約申込書を頂いてからとなります。」等と言い、契約申込書や仮契約に署名捺印を求める人もいると思います。

一般的には、この契約申込み以降や仮契約以降のキャンセルの場合には、実費負担などの損害賠償を施主が負担する事となるケースが多いと言えます。

住宅問題豆知識一口メモ ⑦ 住宅会社競合の見積合戦の注意点

よく、7社も8社も同時に見積りをとり、「こっちの工務店は2500万円で出来ると言っているけど、お宅はどうなの？」とか「他の工務店が提出した見積書を参考資料として渡しますので、もっと安い見積書を出し直して下さい」といったように、見積金額の比較による値引き交渉を行う事を見積合戦と呼ぶ事があります。

この見積合戦により、工務店も何とか契約が欲しい事から、利益を削って安い見積書を提出する事となるのですが、この過程で極端に安い見積書を提出してくる業者もいます。

こんな業者には気を付けなければなりません。

現実のトラブルケースでも、例えば、システムキッチンについては、施主支給品と見積書上に記載する事により300万円値引きしてきたが、後日、システムキッチン代金については300万円の追加工事代金を請求されたといったトラブルも発生しています。

また、契約金欲しさに完全な赤字契約を締結してくる業者もいます。

現実の事例でも業者から「お安くしましたので、契約金として1000万円をお支払い下さい」と言われ、1000万円を契約金として支払ったが、着工前に住宅会社が倒産してしまい、家は建たないは1000万円は返ってこないはで、散々な目にあった施主もいるのです。

不自然に「安い」というのは問題です。業者選びには注意してもらいたいものです。

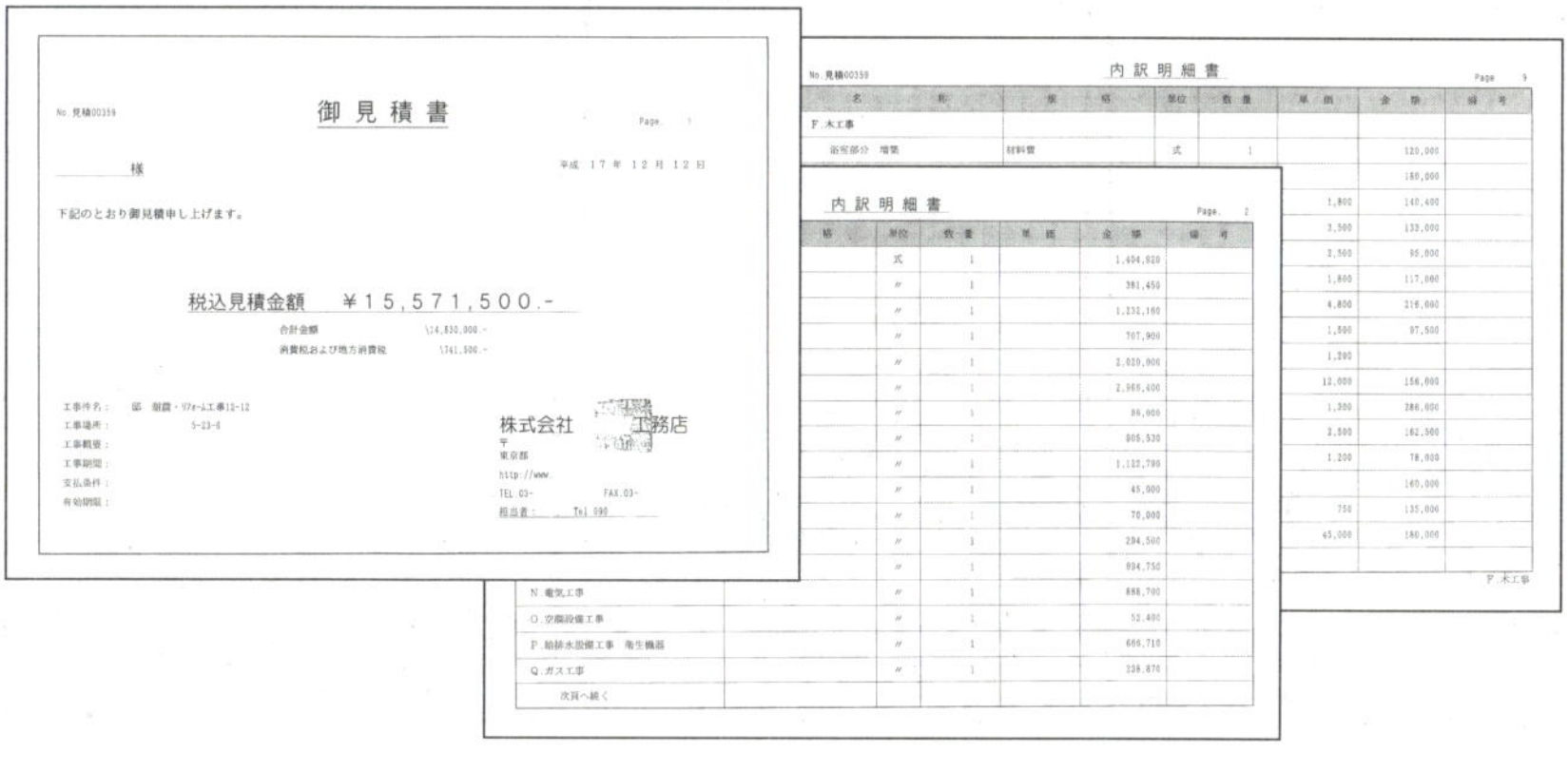

CASE 2

いつでも契約解除が出来るのか？

解　説

住宅営業マンの給与体系を皆さん、ご存じですか？

各社各様ですが、一般的には基本給＋歩合給で、請負契約を取ると会社から歩合給をもらえるのです。営業マンの立場からすれば、もう契約してしまえばクロージングのターゲットではなく、契約後に頑張っても自分の歩合給に何のプラスにもならないのです。

契約済みの顧客を放っておいて未契約のお客にアプローチするのは人として自然な行動なのかもしれません。

しかし、平面図・立面図程度しか見せられず、「取りあえず契約をしてから考えましょう」と言われていたのに、全然打合せをしてくれないのではがっかりしてしまいます。

そうすると、「やっぱりこの住宅会社と契約したのが間違いだった」と契約解除を考える施主もいます。

しかし、何気なく締結してしまった請負契約書をよーく見てください。住宅営業マンが１～２週間程度打合せに来ないから契約解除ができるなんていう約款はおそらくないはずです。

結局、このような事案は、施主都合による契約解除となってしまい、契約上、住宅会社に損害を賠償して契約解除をする事となります。

民法第６４１条も「請負人が仕事を完成せざる間は注文者は何時にても損害を賠償して契約の解除を為すことを得」と規定しており、無条件解除は無理な訳です。

問題なのは、この場合の損害賠償の金額です。

良心的な住宅業者の場合、実費程度で結構ですと言ってくれるのですが、施主を１～２週間も放っておくような住宅会社の場合、「もらうべきものはもらおう」と損害賠償を請求してくるわけです。

この損害賠償の金額については、住宅会社が既に支出した費用（実費）と仕事を完成したとすれば得たであろう利益（即ち利益率）が損害の範囲に含まれると解されています。

従って、施主は、実費として①人件費②経費③各種申請書類取り寄せ費用などを負担し、併せて④当該物件について住宅会社が念頭に置いていた利益率を支払って初めて契約解消をすることができることとなるのです。

ですから、例えば２０００万円の請負金額で契約を締結した場合、住宅会社が20％の利益率を念頭に置いていたとすると４００万円＋人件費＋経費＋各種申請書類取り寄せ費用を支払わなければ契約解除に応じないと言われてしまうリスクもあるのです。

営業マンのうまい言葉に引っ掛かってしまうと、４００万円プラスαの損害を賠償しなければ後々契約解除に応じてもらえないとなれば、「契約」というものがきわめて重要であるという事がご理解いただけると思います。

住宅問題 豆知識 一口メモ ⑧ 契約解除トラブルの裁判の裏事情

契約後、着工前に請負契約を解除したいという話が施主から出る事例は少なくありません。

その場合、普通の工務店は実費精算で決着します。

ところが、いつも温厚な工務店でも時には怒る事もあるのです。

それが、お客を別の工務店やハウスメーカーに奪われた時です。これが、いがみあっているライバル会社にお客を奪われたという事になると、もう大変です。

「会社同士で喧嘩してくれればいいのに。」と皆さんは思うでしょうが、何分、住宅会社間には、一切契約関係がなく、債務不履行責任を追及していくことはできません。

結局、相手の住宅会社憎さを施主に対する損害賠償（契約解除に伴う損害賠償）の請求という形に変えて裁判が行われる事例が多いのです。

こんな裁判に「被告」の立場で巻き込まれてしまう施主は哀れであると言うほかありません。

やはり、住宅会社は慎重に選び、このようなトラブルに巻き込まれないようにしましょう。

CASE 3 言った言わない紛争を防止するためにはどうすれば良いの？

解説

住宅トラブルの多くは、「言った言わない」紛争です。

特にリフォーム工事中、家の物を壊してしまった場合など、その場で「弁償します」と謝ってもらうと安心してしまい、「きっと何とかしてくれる」と信じた結果、事例のように逃げられてしまう施主も存在します。

コンプライアンスの意識が行き届いた住宅業者であれば、放っておいてもきちんと謝罪をし、「誓約書」といった書面を持参するので、このような心配はないのですが、残念ながらコンプライアンスの意識がない住宅業者は、口では適当な事を言って逃げてしまう事も多いのです。

このような「言った言わない」のトラブルを防止するため、施主の方でも重要な項目については書面に残すようにしましょう。

住宅業者のほうは、「書面なんか交わさなくてもちゃんとやります」とか「私の事を信用して下さい」と口では言うかもしれません。

しかし、大切な約束事について、施主が文書で合意したいと言っているのにこれをごまかそうとする業者は、はっきり言って「怪しい」と言わざるを得ません。

怪しい業者が相手であれば余計、「言った言わない」紛争防止対策を施主の立場として講じておく必要性は高いと言うべきでしょう。

将来の「言った言わない」紛争という事故を防止する術として、大切な約束事は書面で確認し合うように心がけましょう。

CASE 4 サービスかと思っていたら、追加工事代金を請求された

解説

コンプライアンスの意識が行き届いた住宅業者では、**「打ち合わせシート」**と呼ばれる2枚複写式のメモを持っており、施主との打ち合わせ内容について克明なメモを取り、お金がかかる追加工事については、しっかりお金がかかる旨を施主に説明し、納得を得た上で「打ち合わせシート」に追加工事である旨記載してくれ、書面で証拠が残ります。

ところが、コンプライアンスの意識が不十分な住宅業者だと、施主の追加変更の要請などに対し、「いいですよ。やってあげます。」とあたかもサービスでやってくれるような事を言いながら、最終段階で追加金の請求をしてきてトラブルとなってしまうのです。

また、メモが残っていたとしても、「○○工事をやる」としか書いておらず、これが後にお金がかかる追加工事なのかサービス工事なのか皆目見当が付かない工事が多く、この場合もトラブルになってしまう事があります。

まず、こういった事案で施主の方々に知っておいて頂きたい事は、**住宅業者も商人である以上、原則としてその仕事は有償であるという事です（商法512条）**。

従って、契約内容（契約書添付の見積書・図面・仕様書）と異なる施工がなされた場合は、それがグレードアップである以上、追加工事と見なされる事が圧倒的に多いのです。

従って、もし、**その施工をサービスでやってくれるのであれば、その旨、しっかり書面で確認し、後日の「言った言わない」紛争防止に努めるようにしましょう。**

住宅問題 豆知識 一口メモ ⑨ ローコストと追加工事

ローコストメーカーに多い紛争が、追加工事代金の支払いを巡る紛争です。

私も現実の事例で、約2000万円で請負契約を締結したにもかかわらず、追加工事で700万円も請求された！という事案を取り扱った事があります。

このような事例を見ると、「最初から2700万円で契約すれば良いのに何故2000万円で契約を締結したんだろう？」と不思議になります。

トラブルになる事例を見ると、どうやら施主が建築に素人である点につけ込み、本来行わなければならない屋内給排水工事や住設機器設置工事を「別途工事」として契約時の見積書に掲げ、その結果、安い見積書をつくり、後で追加工事としてこれらの工事代金を請求する事が多いのです。

コンプライアンスの意識のないローコストメーカーは、「安く」を売りにしている事から、「安い」という事を偽装している事が多く、適正価格との調整は追加工事代金の請求でしようとしている事も多いのです。

皆さんも多額の追加工事代金請求の被害者にならないように、契約時に慎重に見積書のチェックなどを行っておきましょう。

マンガQ&A

第5章

家づくりにおける時効、慰謝料、瑕疵の基礎知識

CASE 1 時効期間ってどのくらいですか？

解説

家を長持ちさせるコツは、悪いところは早めに直して、長年にわたり、しっかりメンテナンスを実施する事にあります。

ところが、家の場合、構造部分である基礎や土台は室内から見ることは出来ず、また大壁の家の場合には柱も室内から見ることは出来ません。

このような構造部分に瑕疵がある場合に、1年や2年で瑕疵を発見しろと施主に要求することは酷であると言うべきでしょう。

この点、平成12年に住宅の品質確保促進法が制定され、構造耐力上主要な部分又は雨水の浸入を防止する部分のうち政令で定めるものについての瑕疵担保責任期間は10年と定められました。

この10年の瑕疵担保責任期間について、住宅業者が「10年保証」と略して表示しているのです。

では、構造耐力上主要な部分又は雨水の浸入を防止する部分以外の瑕疵についての瑕疵担保責任期間は何年となるのか、という点について考えてみましょう。

この点、民法第634条は、土地の工作物である建物については瑕疵担保責任期間を5年と規定しています。

ところが、この瑕疵担保責任期間は、当事者間の合意により短縮することが可能です。

そこで、各住宅会社は「保証書」という書面を施主に交付し、部位によっては1年や2年といった短期間の保証期間の合意をする事となるのです。

問題は、完全な手抜き工事で悪意の欠陥住宅というべき住宅の場合の瑕疵担保責任期間です。

先ほども述べましたが、建物の構造は、壁や床下に隠れてしまうことから、これらの構造上の瑕疵を施主が発見する事は極めて困難なのです。

このような悪意の欠陥住宅の場合には、そもそも欠陥住宅を建築した行為が施主に対する不法行為であると法律構成し、最長20年の時効期間を主張する事が可能となります（20年経過前に欠陥という「損害」及び悪質業者である「加害者」を知った場合には、「知った日から3年」で時効期間は満了します。但し、「損害及び加害者を知りたる日」とはどのような時点を言うのかと言う点について、少しでも不具合があることを知ったときから起算するというのではなく、問題となる瑕疵がある程度進行し、瑕疵の内容や程度が明確化したときから起算すべきである」として、専門家による欠陥調査結果が判明した時点を起算点として認定している判例もあります）。

もっとも、コンプライアンスの意識のかけらもない悪質な業者は、社会から爪弾きにあって20年の間に倒産しているケースもあり、この場合には、建築確認申請にて監理者として名を連ねていた建築士に対しても欠陥住宅建築の責任を追及する事も可能となります。

その意味で悪質業者の時効期間は20年と言うべきなのです。

もっとも、10年も20年も瑕疵と共に生活したくはありません。

やはり、建物建築後も住宅業者自ら定期点検等を実施し、責任を持った家づくりをするコンプライアンスの意識の高い住宅業者と契約をする事が何よりも大事であると言うべきでしょう。

住宅問題 豆知識 一口メモ ⑩ 訪販リフォーム業者が起こす住宅トラブル

営業手法として訪問販売の方法を採用しているリフォーム業者は、リフォームが必要と思われる築10年以上経過した住宅を対象に訪問販売で営業をしています。

その営業の中心は、「点検商法」と呼ばれる方法で、例えば、屋根の上に登って写真を撮り、瓦の状況を示して屋根の葺き替えを勧誘したり、床下に潜って耐震診断を実施し、耐震工事の勧誘をする事もあります。

このような点検の過程で、従前の住宅の欠陥工事が発覚する事が多く、この場合、既に瑕疵担保責任期間は経過しているが、そもそもの手抜き工事が不法行為ではないか！という事で裁判が提起される事が多いのです。

このような手抜き工事の事案では、住宅会社の過失が認定されますので、被害者は勝訴判決を得る事が出来ます。

その意味で手抜き工事にとっての時効期間は不法行為の時効である20年と考えておいても良いのです。

しかし、困ってしまうのは、一部の悪質リフォーム業者や悪質鑑定業者です。

このような悪質な業者は、建物に欠陥や手抜きがなくても仕事欲しさに「欠陥がある！手抜きがある！」とウソを付き、多額のリフォーム代金や調査代金を施主から巻き上げていきます。

そして、これらの悪質業者の言葉を信じ、欠陥住宅訴訟を提起した施主は、当然のごとく敗訴し、その結果多額の裁判費用の損失をも負う事となるのです。

このような悪質リフォーム業者や悪質鑑定業者の魔の手に引っかからないように日頃から、自宅を建築してくれた業者とは親密な付き合いをしておきたいところです。

CASE 2 慰謝料を請求したいのですが

解説

工事に瑕疵があった場合、施主に慰謝料を支払うべきか否かをめぐってはこれを肯定する裁判例もあればこれを否定する裁判例もあります。

建築と慰謝料との関係について厳密に考えてみると、「家」という財産について損害が発生した場合には、その**損害の回復、即ち瑕疵の補修がなされれば一応施主の損害は回復されたものと考えるべきであり、原則として慰謝料は認められないと解するべきでしょう。**

確かに施主の多くは長年苦労して建築資金を蓄え、さらには30年以上もの住宅ローンを負担し、やっとの思いで念願のマイホームを取得したのであり、長年夢見ていたマイホームでの快適な生活が「瑕疵」の存在によって苦痛な生活と変わり、不快感に悩まされるというケースが存在することも十分に理解ができます。

しかし、財産的損害については、その財産的損害についての回復がなされたにも拘わらず、それ以上の「感情」についての賠償を認めてしまっては、それは損害の回復以上の利益を施主に与えることになりかねません。

従って、**原則として瑕疵が補修されれば、もはや慰謝料請求は認められないのが原則です。**

しかし、全く慰謝料請求が認められないと言うのもおかしな話です。

瑕疵の補修では償うことができないほど、特別の精神的苦痛を施主が蒙り、この事実を請負人が予見し、又は予見することが可能な場合には、瑕疵の補修とは別に慰謝料の支払義務を認めるべきだと思います。

では、どのような場合が慰謝料を支払うべき場合に該当するかについて検討しますと、結局、住宅会社が施主から瑕疵の補修を求められたにもかかわらず、これを無視し、相当の時間が経過している場合など施主からのクレームに対し、住宅会社が不誠実極まりない態度で応対した場合には、慰謝料の支払義務を肯定すべきであると思います。

また、補修が完璧にできず、施主に不具合を我慢してもらう場合。この場合にも慰謝料の支払いを認めるべきでしょう。

こういった限定的な場合にのみ慰謝料というものは支払われるものであるということをまず、正確な法律知識として知って頂きたいと思います。

欠陥住宅の被害者となってしまうと精神的苦痛が慰謝されず、結果的に大損をしてしまう事となるのです。ですから、住宅業者選びの段階で、欠陥という事故を起こさないような仕組み（充実した現場チェック体制など）を持っている住宅業者を選定していきたいところです。

また、家づくりは、人の手による施工がなされるものですから、どうしても瑕疵が発生する事もあります。その場合には、まず、適切な補修方法についての話し合いを早期に実施すべきでしょう。

現実の事案で、施主側が著しく高額な慰謝料の要求を始めたために住宅業者のほうが対応したくても対応できず、結果的に瑕疵が何年も放置されてしまうという事件も発生しております。

いずれにせよ、家にとって一番良い事は、施主と住宅業者とが良好な関係を保ち続け、いつまでも家のメンテナンスが実施される事です。

高額慰謝料を要求し、手切れ金として受領することが、将来的に見て実は損であったという事とならないよう、住宅業者とお金の話し合いをする時は、判例等を基に慎重に行うことを心がけて頂きたいと思います。

住宅問題 豆知識 一口メモ ⑪ 住宅裁判とストレス

住宅裁判の特徴は、とにかく紛争期間が長いという点です。

最高裁判所の調査によると、住宅瑕疵の主張がなされる住宅裁判の平均審理期間が約25.6ケ月もかかるという調査結果も出されております。

本来であれば、瑕疵など早く直してしまい、快適な生活を営みながら被害弁償を求める裁判を起こしたいところなのですが、住宅裁判では、現地を裁判官や調停委員が見分して瑕疵か瑕疵ではないかを判断するという現地調査がなされるケースが多く、この現地調査のために瑕疵を直さずに裁判に挑んでいる被害者も多く存在します。

しかし、愛着のある家であればあるほど、瑕疵を毎日眺めながら生活をするなんてこれ程の苦痛はありません。

この苦痛をぶつける場所もなく、ストレスは、どんどん溜まっていきます。

この長期化する事が常態化している住宅裁判に応対せざるを得ない施主のストレスについて慰謝料の支払いが命じられる事はありません。

その意味では、欠陥住宅の被害者は裁判の場においても完全に被害救済を図る事はできません。

やはり、業者選びの段階で、将来紛争となる可能性の低いコンプライアンスの意識の高い業者を選定する等、失敗しない家づくりのため、施主としてできる最善の努力をしておきたいものです。

CASE 3 住宅に瑕疵がある場合、住宅会社にお金を払ってはいけないのか？

解説

民法632条は「請負は当事者の一方が仕事を完成することを約束し相手方が仕事の結果に対してその当事者に報酬を与えることを約束することにより効力が生ずる」と規定しています。

要するに、請負契約の内容は、建物建築を完成させる事に対して請負代金を支払うということですから、建物が未だ完成していないときには、施主は請負代金の支払いを拒むことができます。

次に、建物に瑕疵がある場合には施主は請負代金の支払いを拒絶できるのでしょうか。

まず、施主は、**瑕疵の補修を住宅会社に対して請求した場合、瑕疵の補修が完了するまでは請負代金の支払いを拒むことができます（民法第533条）**。

次に、施主は、瑕疵を自分で直すことを前提に住宅会社に対して瑕疵を補修するのに相当な費用を請負残代金から差し引き、相殺をする事もできます。

なぜかというと、**施主は、住宅内に存在する瑕疵について住宅業者に「直せ！」とも言えますし、「直さなくて良いから直すための費用を払え！」とも言えるのです（民法第634条）**。これを「**瑕疵の修補に代わる損害賠償請求権**」と呼んでいます。

この瑕疵の修補に代わる損害賠償請求権を自働債権とし、請負代金請求権を受働債権として対等額にて相殺（民法第505条）をすることが可能となるので、この限度で、施主は支払を拒むことができることとなります。

しかし、些細な瑕疵であるにもかかわらず、施主がその瑕疵の存在をもって請負代金全額の支払いを拒絶することができるとすると信義則に反する事となりますので、**瑕疵が些細な場合には、施主は請負代金全額の支払いを拒絶することができない事となっております（民法第634条1項但書）**。

住宅会社の中には、「瑕疵の補修はアフターサービスとして行いますから、まず残金を支払って下さい。」と言うところもあるでしょう。

「残金を払ったら逃げてしまうかもしれない」と心配する施主もいます。

確かに、その心配な気持ちはわかりますが、だからと言って些細な瑕疵があるからと言って支払を拒むと住宅業者との信頼関係が失われていきます。

家にとって大切なのは、何と言ってもアフターメンテナンスです。

良好なアフターメンテナンス体制を確立するためには、ある程度の譲歩をすべき場面もあるでしょう。

この場合、まず補修を要する箇所をリストアップし、このリストの中の項目がすべて補修できたら残金を支払うという形でしっかりと合意書を作成し、お互いの信頼関係を維持しつつ、補修を行ってもらう事が大事となります。

また、残金支払い時に、瑕疵の補修項目が残っている場合には、この瑕疵の補修方法をしっかり明示した書面を作成し、この瑕疵の補修を必ず実施することを条件に代金を支払う事が必要でしょう。

第6章

住宅性能表示制度とは？

1 住宅性能を統一の基準で比較できる

住宅会社のチラシに多いのが、「地震に強い！」とか「環境に優しい！」などのイメージ先行型の広告です。

では、どの位地震に強いんですか？環境にどの程度優しいんですか？と聞くと、返事が返ってこない事も度々です。

住宅を購入しようと考えている消費者にとって一番困るのが、Aというハウスメーカーの免震対策とBという工務店が主張する制震対策と、どちらが地震に強いんですか？という比較ができないという点であるわけです。

このバラバラの性能広告を比較できるようにと、平成12年に住宅の品質確保促進法（以下品確法）の性能表示制度ができました。

そして、各住宅メーカーごとに住宅の性能がどちらが優れているかという点を比べられるようにし、消費者により良い住宅を提供することができるようにしよう。そして、同じ価格なら、より良い性能を有する住宅を購入できるようにしようと考えました。即ち、消費者感覚をベースに、良質な住宅が市場に出回るようにしようとしたのです。

そこで、各住宅メーカーの広告宣伝の基準を統一化させようという考えが登場してくるのですが、そうすると「広告だけでいいのか」という疑問が生じてきます。当然、消費者のほうは広告として表示されたものが、完成段階でも達成していると信じているからこそ、お金を出すわけですから、その表示に対応している家をつくっているかどうかと言う点を確認したいと考えるのは当然であり、それ故、表示に対応するような検査システム、完成段階の評価システムというものが必要になると考えるようになったのです。

こうして「住宅性能表示制度」が誕生することとなりました。

さらに、実際に事前の担保として、万が一性能不備という問題が起きた場合であっても、①そこに対して保証をしたり、②保険制度なりを組み込んだり、あるいは③裁判外紛争処理制度を設け、簡易迅速処理を行おうという考えが発展して品確法が成り立ったわけです。

この住宅性能表示制度、思ったほどには利用されていません。

やはり、申請手数料等が住宅取得価格にプラスされる事から、「性能表示なんかなくてもうちは良いものをつくりますよ。申請手数料分もったいないじゃないですか」と住宅会社に言われてしまうと「それもそうだね」と見送ってしまう消費者が多いのでしょう。

2 事故率低下の一要素

性能表示制度のもう一つのメリットは、建築確認申請さえクリアーしてしまえば、後はノーチェックでいけるのとは異なり、**都合4回の設計図書・現場・完成現場のチェックが入る点です。**

このように第三者の視点で数度のチェックが入る事によって、欠陥の発生を防止するという事故率低下を図る事が出来るというメリットがあります。

3 ギリギリ狙いのローコスト住宅では性能表示による安全性確認が不可欠

確かに匠の心と技を持った工務店に命をかけて家をつくってもらう場合には、住宅性能表示制度などはいらないと思います。

とにかく、放っておいてもレベルの高い家をつくるわけですから。

しかし、特にローコスト住宅の場合は、やはり心配です。

とにかくローコスト住宅は、基本的な発想が「より安く」ですから建築基準法ギリギリの仕様もあり、役所や民間確認検査機関による建築確認だけでは心配なわけです。

住宅性能表示の場合、設計段階の審査はもとより現場審査も入りますから、より事故率が低くなるシステムであると言えるでしょう。

4 広告宣伝手段としての性能表示の利用には気を付けよう！

ローコスト住宅メーカーに見られる光景として、自社の展示場について設計図を性能評価機関に提出し、性能表示による等級を取得して、これを大々的に広告宣伝手段として利用するものがあります。

しかし、いくら展示場が最高等級でも意味はありません。実際に建築される自分の家が最高等級であり、欠陥などの事故が起きない事が大事なわけです。

そして、残念な事に大々的に広告で「性能表示対応住宅！」とうたっていながら、現実の施主宅建築にあたっては、性能表示制度を使わないといったローコストメーカーもあるのです。

実際の施工で性能表示を使わず、せっかくの現場チェックも行われないのでは、性能表示制度が事故率防止策として働きません。

「私が建てる家はどうなのか？」という視点で家づくりに取り組まないと、「広告で性能表示制度をうたっているから、私の家もてっきり性能表示対応住宅として建築されたはずだ」というイメージギャップが発生してしまう可能性がありますので、注意して頂きたいと思います。

ちょっと過激にアドバイス

第7章

住宅紛争専門弁護士が薦める安心・安全な家づくり

第1　家づくりで失敗しないためには

1　問題が起こるにはその原因がある

私の事務所には毎日、多くの住宅トラブルの法律相談が舞い込んできます。雨漏れ、構造欠陥、ひび割れ、床の傾斜など、家中様々な欠陥に悩む消費者の悲痛な声を聞く事も少なくありません。

そのような欠陥住宅の被害者達は、「なんでこんな目に遭ってしまったのだろう。」と嘆き苦しみ、我々はその被害をどうやって救済しようか、と全力を尽くす事となります。

「欠陥住宅問題」「シックハウス問題」「悪質リフォーム問題」「アスベスト問題」「耐震強度偽装問題」など、問題だらけの住宅業界で家なんて建てて良いのでしょうか？

私は素朴にそう思っています。

そもそも問題が起こるにはその原因があり、その原因が除去されなければ必ず問題は再発するものだと思います。

従って、住宅業界で起こる問題の原因とは何か、という点を知る事が「失敗しない」家づくりをするための一番大切なポイントです。

2　まず、住宅業界の悪い体質を知ろう

本書でも再三に亘って解説している２００５年11月に発覚した耐震強度偽造問題で取り上げられた住

宅などは「震度5の地震が来たら倒壊しかねない」といわれています。こんな許されざる事態を招きながら、関係者はみんなで責任のなすりつけあいをしているというとんでもない業界です。

今回、この問題で名前が挙がっている各業者が特別に異常なのか？と尋ねられたら、そうではないと思います。

皆さんの前に現れる住宅営業マンは皆、「安心して下さい」と言っているかもしれませんが、いざ、大問題が発生すると逃げてしまう。

こういった体質が住宅業界に根強く存在するという現実をまず皆さんは知っておかなければなりません。

3 家は物ではない

消費者の立場からみると、物は安く買えた方が良いでしょう。安ければ安いほど、買った後「得をした」と思えるものです。

そして、当然、消費者の自然な行動として、色々な業者から見積書をもらい、見積書の比較検討を行って最終的に契約を締結する業者を選ぶ相見積りも多く行われているのです。

ところが、家を「物」と捉えてよいのでしょうか？

家は長年存立し続け、私達の生活の中心の場として長年過ごす場所です。

その人生の中心と言うべき家を消耗品と一緒に扱われる事には抵抗感を覚えます。

やはり、丁寧にメンテナンスを実施し、長持ちしてもらいたい。そして、ヨーロッパのように100年経っても立派な風格を持って存在し続ける家というのも素晴らしいじゃないですか。

4　消費者にも自己責任がある

第1章でも述べていますが、結局、行き過ぎたローコスト住宅がどうして生じるのかと言えば、「ローコストの家が欲しい」という消費者のニーズが高いからです。

安かろう悪かろうのものを取得した方も間違いなく被害者ですが、この被害を救済する事の困難さは今回の耐震強度偽装問題の各報道を見て頂いてもおわかりだと思います。

結局、自らが被った損害のすべてを回復する事が困難であるのであれば、欠陥住宅となる可能性の高い「行き過ぎた」ローコストの住宅を取得する事は、もはやバクチであると言わざるを得ないと思います。

欠陥住宅が市場に多く存在する今、消費者も自らの目で家を見極める眼力を持たなければなりません。

第2　安心・安全な家をつくる事のできる業者とは？

1　注文住宅は商品を見る事ができない

注文住宅の場合、何もない土地に家を建てていく訳ですから、契約前に完成された家の姿を見る事ができません。

従って、家のイメージを湧かせつつ、あとは業者を信じて契約をするという冒険が始まるわけです。

2　一緒に冒険するとすれば？

皆さんは、これから冒険をするとすれば、どのような人と冒険をしたいと思いますか？

例えば、自家用飛行機に乗ってアメリカに行くとしましょう（ちっちゃな冒険ですいません）。

パイロットが、今年免許を取ったばかりでまだ数回しか飛行した事のない人だったら不安ですよね。

まずは「経験」と「実績」が大事なんだと思います。

次に、もしかすると予期せぬハプニングが起こるかもしれません。

ハプニングが起きたとき、パイロットが私を置いて逃げてしまったら……と考えると、やはり「信頼できる」人と一緒に行きたいと思います。

家づくりも冒険といえましょう。冒険なのですから、「経験」と「実績」というベースの上に「信頼」がなければ恐ろしくて出発できないはずです。

3 信頼できる業者とは？

「信頼できる」という事と、「仲がよい」という事とは少々違います。

この事は住宅トラブルを見ていると本当に良くわかります。

欠陥住宅を抱えてしまった関係とはいえ、もともと施主と住宅会社は仲が良いものです。仲がよいからこそ、契約をして、多額の請負代金を支払っているのです。

ところが、我が家が「欠陥住宅」である事が分かったら施主はクレームを発します。

思い入れが強い家であればあるほど、強いクレームを発します。

その時、逃げてしまう業者は、信頼できない業者です。

いくら仲が良くても一大事が発生した時に真に顧客のためを思い、誠意を尽くす事ができる業者こそ、信頼に足る業者と言うべきでしょう。

残念ながら、住宅業界には、ちょっとのクレームですぐ萎えてしまい、逃げの一手で逃げまくる業者が想像以上に多いのです。

そんな業者は、契約前には「一生のおつきあいをしましょう」と言っておきながら、ちょっとのクレームで逃げてしまうのですから、お調子者以外の何者でもありません。

こんな信頼できない業者に人生の中核である家づくりを任せたくはありません。

4 信頼できない業者はどうやって見抜くのか？

では、まだ家もない何もない段階でどうやって信頼できない業者を見抜けばよいのか、と言う点が非常に難しいところです。

悪質業者だって資金繰りが悪化した住宅会社だって皆、最初は「ご安心下さい」とニコニコ顔ですり寄ってくるのですから。

みんなよく分からないから、結局はハウスメーカーやパワービルダーといった「大手なら安心」となるのでしょうが、これらの大手だってトラブルは抱えていますし、実際の家づくりの担い手は下請の中小工務店だったり個人の大工さんである訳です。

そして、家づくりは「冒険」だとすれば、どのようなパートナーと冒険をするか？と素朴に自分自身に問いかけて頂きたいのです。

私だったら、日頃、平気で赤信号を渡ってしまう人や飲酒運転を平気でする人と一緒に冒険はしたくはありません。事故率が高そうですから。

信頼できない業者の多くは、法律を平気で破ります。また、そもそも法律を知らない者もいます。

例えば、皆さんが住宅会社に資金計画の相談をしたとしましょう。

住宅ローンが総予算の8割しか出ないという話になった時、営業マンのほうで、「それだったら銀行提出用に金額をふかした契約書を作りましょうよ。そうすれば、銀行はふかした金額の8割の融資をしてくれるわけですから、自己資金が足りなくても家は建ちます」と説明をした場合、あなたは、この住宅業者を信頼できますか？この住宅業者のやろうとしている事は、融資をしてくれる銀行に対する詐欺であり、民法709条違反の行為です。

このような法律違反を平気で犯す住宅業者に一生に一度の大事業である家づくりを任せても良いのか？それだけの信頼をしても良いのか？と自らに問いかけてみれば、「このような平気で法律違反を犯す業者はきっと、建築基準法等の建築法令についても平気で違反する施工をするのではないか？」という不安がどうしても出てきてしまいます。

私は、日頃、住宅紛争を取り扱っていて、「法律を平気で破って良い」と考えている住宅業者に

はトラブルが多く、「曲がった事が嫌いだ」と法律を遵守している住宅業者にトラブルが少ないという至極当たり前な現実を痛感しております。

欠陥住宅も一種の事故ですから、法律を破る住宅業者の手がけるすべての住宅が欠陥住宅であるわけではありません。

しかし、法律を平気で破る業者が手がける住宅の事故率は3％くらいはあるのではないでしょうか。

そうすると、１００件のうち3件は欠陥住宅という事になり、あなたの家も欠陥住宅となる可能性が高くなるわけです。

従って、「法律を平気で破る」業者は信頼できる業者とは言えません。

この事実は知っておいて頂きたいと思います。

第3 匠の心と技

1 昔の家づくり

まだ電気も普及していない頃の日本の家づくりは、木造軸組土壁づくり工法が中心で、大工と左官、それに鳶の手で建てられていました。

その大工の師匠が棟梁で、この棟梁が中心となって1件の家が建てられていった訳です。

棟梁は、地縁血縁によって一つの街や村の家を独占状態で手がけていった事から、この棟梁の仕事ぶりは街や村の人々が実によく知るところであった訳です。

この頃の棟梁は、金儲けよりも自らの腕に磨きをかけ、高いプロ意識をもって仕事をしていました。

この棟梁による高いプロ意識とプロの目による厳しい現場チェックがなされていたため、欠陥住宅事故など起きなかったと聞きます。

2 匠の心

この棟梁が、自らが手がける家づくりに命をかけ、そして技を高めていくという日々の修業の精神が「匠の心」と言われるものです。

この匠による家は単なる商品ではありません。全身全霊をこめた作品なのです。

だからこそ、匠は自らの作品に決して妥協する事なく、「こだわりの作品」を丹念につくりあげていったのです。

このこだわりの作品に満足しない人がどこにいるでしょうか？

当然、住宅紛争など起こるはずがありません。

3 建築基準法令は不要？

匠の心が存在した時代には、建築基準法令など不要でした。

当たり前です。自らの仕事に命をかけ、こだわりの作品をつくっていた訳ですから、最低限の基準などを設ける必要すらなかったわけです。

4　今の住宅業者に匠の心はあるか？

前述の耐震強度偽装問題では、「建築基準法令ぎりぎりの鉄筋量にしろと言ったのに建築基準法令以下にされるとは思いもよりませんでした！」なんて発言が言い訳として堂々となされています。

昔の匠は、法律などなくても、自らの技を磨き、こだわりの作品として家づくりをしていたのに、現在の業者の中には最低基準を定めた建築基準法令ぎりぎりを狙おうとするものがいるのですから、本当に嫌になってしまいますね。

匠の心と逆行する住宅やマンションがよく売れているという事ですから、よく分からない世の中です。

5　匠の心の持ち主は希少価値が高い

逆に、今、間違った経済設計やらローコストやら「ギリギリ狙い」の住宅づくりが主流の中、匠の心を持った工務店はあまりいないのではないか、と思います。

そうであれば、この匠の心の持ち主を探せ！というのが、安心・安全な家づくりの第一歩となるのではないでしょうか？

第4　消費者の自己責任

1　日本人は家づくりを知らない？

昔は、棟上げや屋根葺きなどを行う際、大工と共に施主や近隣の人々も手伝いをするなど、日常生活の中に「家づくり」が存在したのです。

しかし、今の家づくりには、施主も近隣の人々も一緒に作業に加わるという実体験の場がありません。あったとしても、それは自分の家づくりの際に左官塗りをやってみるという程度のものであり、一生に一度の大事業である家づくりの前に家づくりを体験する機会はなくなってしまったのです。

さらに、私はとても問題だと思っているのですが、日本には住教育がありません（住生活基本法〈案〉第7条3項は、住教育の不在について、反省し、「国及び地方公共団体は、教育活動、広報活動その他の活動を通じて、住生活の安定の確保及び向上の促進に関し、国民の理解を深め、かつ、その協力を得るよう努めなければならない。」と規定しています）。

従って、土台も柱も筋交いも梁も知らない人が家を建てようと考えるわけです。

2　知識がない人にとってはローコストがよく見える

工芸品でも芸術作品でも分かる人が見れば、その作品の良さが分かる訳ですが、知識がない人がいくらすばらしい作品を見てもその良さは分かりません。

まさに、今、家づくりをしようと考えている方の多くは、家の良さを知らない人々だと思うのです。そうすると、いくら施工技術が高い家でもその価値をわかってもらえない訳です。

そして、１００円ショップに消費者が群がるように、ローコスト住宅に皆、群がっていく。そんな現実があるような気がしています。

3　欠陥住宅による被害はすべて救済されない

ローコスト住宅の基本はギリギリ狙いですから、その思考故、やはり事故率が高いのは否めません。

自分の家が欠陥住宅だと分かった時、その衝撃は図る事のできないほど大きなものです。

さて、欠陥住宅を取得してしまった消費者は、その損害を回復してもらえるのでしょうか？

まず、消費者は瑕疵担保責任の追及を住宅会社に求める事ができます。

従って、「瑕疵は直せ！」と言えるわけです。

且つ、この瑕疵担保責任は、無過失責任を住宅会社に負わせる制度ですので、住宅会社による「悪気はなかったんです。一生懸命つくったんだから勘弁して下さい」なんていう言い訳は通用しません。

悪気があろうとなかろうと、瑕疵がある以上直せと言えます。

しかし、瑕疵は直ったとしても、継ぎ接ぎだらけの家に満足できますか？

また、欠陥住宅であることが分かった時のショック、補修により解決するための労力と時間のムダ遣い。

こういった精神的苦痛を賠償するものが慰謝料と呼ばれるものですが、日本には懲罰的な損害賠償の考え方が民法上ありませんので、この慰謝料の額が実に安いのです。

そうすると、欠陥住宅という事故が起こると必然的に施主は精神的苦痛分の損失を被る事になるわけですから、最終的には損害は回復されないわけです。

そうすると、**「事故が起きても直してもらえば良い」**等といった発想はおよそ危険であり、**「何としても事故が起きないような住宅を建てなければ」と思ってもらいたいのです。**

4 消費者の自己責任

欠陥住宅の被害者になって初めて自分の住宅取得時の浅はかさを知ると言うのはなんとも嘆かわしいことです。

やはり、自分の人生の中核であり、一生に一度の大事業をされるわけですから、家づくりと住宅業界に対する勉強は絶対にしておくべきでしょう。

「失敗した場合に損害が全額賠償される法制度ではない」という意味で消費者にも自己責任が発生してしまうのです。

5 「建築の素人」で良いのか？

よく住宅裁判の現場で、「私は建築の素人だから何も分からない」という主張を聞きます。しかし、住宅ローンという大借金をして人生の大事業をするわけでしょう。そんな大事業をするにあたって、「素人」のままで良いんですか？

素人丸出しで丸裸で飛び込んでしまうほど、住宅業界って信頼できる業界なんですか？

私には到底、その勇気はありません。

やはり、家づくりにあたっては、家と住宅業界の事を一生懸命勉強しましょう。

家の事を勉強してあれば、自分の家づくりにあたっての希望を設計者に伝える時、正確な内容を伝える事もできます。

勉強してから家づくりに臨めば、きっと自分にあった工務店に出会う事ができるでしょうし、一生満足できる家を建築する事ができるはずです。

6 ローコストの本質を考えよう

「ローコストとは何か？」

安い家を買いたい方々は、この本質について真剣に考えたことはありますか？

「建材の大量仕入れにより、建材の代金が安くなるから」という答えもあるでしょう。

しかし、建材の大量仕入れなら大手ハウスメーカーの方が断然多いはず。でも、大手ハウスメーカーは必ずしもローコストではないですよね。

ローコストの本質は、「時間の節約」です。

要するに、「お客様のオーダーメードの家をフリープランでつくっていきましょう」なんて言っていたら、プラン検討の段階で変更、変更また変更となっていきますから、営業マン・設計マンにかかる時間が膨大になっていきます。

そうすると、これらの人件費を請負代金に上乗せしなければならなくなりますので、請負単価が上がってしまうのです。

だから、ローコスト住宅の販売手法を見て下さい。

皆、商品プランを持っていて、「お客様の予算であれば、これか、あれか、それ。どれかをお選び下さい。」とパッケージプランを提案し、顧客が「じゃあ、これ」と一つのプランを指定すると、もう、それで「契約しましょう」となってしまうのです。

要するに営業人件費と設計人件費が限りなく節約できる。だからローコストにする事が出来るわけです。

7　あなたは家を「買う」のですか？

しかし、こんなのは、マンションや建売住宅を買うのと同じで、「どうしてあなたは注文住宅で家づくりをしようと思ったのですか？」と率直に質問したくなります。

あなたの夢の実現のために家をつくろう。あなたの家族のライフスタイルに合わせた家をつくろうと思ったら、やはりあなたにとってのオーダーメードの家でなければならないのではないか、と思うのです。「家に自分のライフスタイルを合わせてしまう」のであれば、賃貸住宅の方がまだましだと私は本気で思っています。

8　家づくりの勉強が不可欠である

「オーダーメードのフリープランが良い」と思っても、どのようなスタイルの家をオーダーメードしたいのか、がそもそも決まっていなければ、オーダーメードを依頼する事も出来ません。

家族と自分のライフスタイルにとって、どんな家が最適な家なのかについては、自分で一生懸命時間を掛けて勉強して頂く事が不可欠です。

家づくりのコンセプトも何もわからぬまま、その家で生活する訳ではない営業マンの説明だけで契約をし、家が出来上がってから「イメージと違う」と後悔する事のないように、一生懸命勉強しましょう。

第5　夢の実現のために

1　夢としての家

例えば、今住んでいる家が結露ばかりでカビも生えるという環境であったとしましょう。

そうすると、「家を建てる時には、健康住宅が良いな」と夢を持つわけです。

この「現状の不満」と「願望の実現」。おおざっぱに言うとこの2つの要請に対しプランニングをしていく作業が「設計」と呼ばれる作業です。

2　夢をどう伝えるか

住宅関連の事件の中でもイメージギャップのトラブルは本当に多いというのが実感です。

思い描いていた家の姿と現実の家との余りのギャップにがっかりしてしまうという事件がどうして生じてしまうのか。

その原因を考えてみましょう。

多くの住宅業者は基本プランというのを持っています。

この基本プランに毛が生えたようなオプションであれば安く住宅をつくりますよ！というキャッチフレーズで多くの消費者を集客していくわけです。

この基本プランが自分の夢に合致していればもう最高！安くてすばらしい家を取得できるのです。

ところが、自分の夢がよく分からず、「何となく安いからいいや」と流れに任せて家を建ててしまった人はどうも家に愛着が湧かないという事も

現実にはあるようです。

私は、住宅を建てる際、夢を伝えるのは施主であり、基本プランで夢を押さえつけてしまうのはトラブルの基であると思っております。

では、どのように夢を伝えるか。

まずは、「現状の不満」と「願望」を丁寧に伝えていく事が大事です。

そして、この現状の不満が新しい家ではどのように解消されていくのか、願望がどのように実現されていくのかが設計の段階で良く理解できればまずは一安心です。

第6 家のメンテナンスの必要性

1 目先だけでなく先々を考えよう

これから家を建てようと考えている方々に「家を建てた後の事を考えて下さい」と言っても、あまりピンと来ないかもしれません。

しかし、パソコンだってオーディオだってメンテナンスが必要であるのと同じで家もメンテナンスが不可欠となります。

むしろ、家を丈夫で長持ちさせるためには、このメンテナンスが一番重要だと言わなければなりません。

2 住宅会社のメンテナンス体制を確認しよう！

欧州の住宅は１００年以上維持されるのが当たり前と言われていますが、日本の住宅は25年程度で壊されています。

あなたが一生掛けてローンを組み、必死で多額の借金の返済をしなければならないにもかかわらず、その家が25年程度しか存在価値がない家なんですよ！というのでは、がっかりしてしまいます。

やはり、手塩に掛けて建てた家なんですから、なんとか長持ちさせてその存在価値を存分に発揮したいところです。

そのためには、メンテナンスが不可欠となります。

ところが、「売れればよい」程度のモラルしかない住宅会社の場合、このメンテナンスに対する意識があまりに希薄です。

アメリカのように家の規格が統一されていて、ホームセンターに行って材料を仕入れ、日曜大工でメンテナンスができれば、まだ良いのですが、日本の場合には、この規格がバラバラで、結局、業者でなければメンテナンスもできないような仕組みになっています。

そうすると、将来の家のメンテナンスを結局、家を建てた住宅会社に依頼しなければならなくなるのですから、このメンテナンスをしっかりしてくれる会社を選ぶべきは当然と言うことになるのです。

3 お抱え大工を持とう

京都には、「うちにはお抱え大工がいます。」と言える施主が多くいると聞きます。

大工・工務店がその腕を何代にもわたって承継し、その腕に対する信頼感から、施主が工務店を「お抱え大工」と呼ぶ。

このトラブルだらけの縁が切れて当たり前の住宅業界でこんな美しい話を聞くと心が和みます。

お抱え大工の方も何十年も面倒を見ている家なので、その家に対する愛着から一生懸命メンテナンスをする。

そうすると、家はずっと存在価値を持ち続け、長持ちするわけです。

私は、施主にとって最高の幸せは、自分のお抱え大工を持ち、予防医学と同様、常日頃から、家の調子を見てもらい、メンテナンスのアドバイスを得ることだと思っています。

4 定期点検を「義務だから仕方ない」と思うような会社は三流である

いくら大手のハウスメーカーであっても、全国展開のパワービルダーであっても、「引き渡してしまったらもうおしまい」と考え、アフターメンテナンスを放棄する会社は、社会にとって害悪です。

更に、「アフターメンテナンスに行くとクレームをもらって返る」と尻込みしてしまうような会社も社会から抹殺されて当然の会社であると言わざるを得ません。

こんなところに家づくりを頼むのであれば、あなたが建てる家は25年程度しかもたないという腹づもりを持って臨んで下さい。

自分の建てた家に誇りを持ち、いつまでも丁寧なメンテナンスを実践する会社こそ、家づくりを依頼すべき会社と言えます。

「クレームこそ最大のビジネスチャンス。家の不具合については、どんどん申しつけて下さい。家のメンテナンスは責任を持って引き受けます。」と言える会社こそ、真にあなたの家のことを愛してくれる住宅会社であるという事実を知って頂きたいと思います。

第7　現場進行について

1　現場チェック体制を確認しよう

匠による家づくりは、「高いプロ意識」とプロの目による「厳しい現場チェック」の2つがポイントとなります。

高いプロ意識の業者と契約が出来たなら、「厳しい現場チェック」がなされるかどうか確認をしましょう。

2　コンプライアンスの基本は情報開示

建物の基本構造部は、建物完成時には見えなくなるものばかりですから、しっかり施工過程でその安全性を確認しておきたいところです。

この点、各施工過程の要所を写真で撮っておいてくれる業者であれば安心です。

また、その構造的な意味合いについて説明をしてくれる業者であれば尚更安心です。

この情報開示を積極的且つ丁寧に実施してくれる業者が安心な業者の出発点であり、信頼できる業者であると呼んで良いでしょう。

住生活基本法（案）も、住宅関連事業者の責務として、次の義務を規定しています。

（住宅関連事業者の責務）

第八条住宅の供給等を業として行う者（以下「住宅関連事業者」という。）は、基本理念にのっとり、その事業活動を行うに当たって、自らが住宅の安全性その他の品質又は性能の確保について最も重要な責任を有していることを自覚し、住宅の設計、建設、販売及び管理の各段階において住宅の安全性その他の品質又は性能を確保するために必要な措置を適切に講ずる責務を有する。

2 前項に定めるもののほか、住宅関連事業者は、基本理念にのっとり、その事業活動を行うに当たっては、その事業活動に係る住宅に関する正確かつ適切な情報の提供に努めなければならない。

他方で、何をしているかさっぱり分からず、隠れてコソコソ家づくりをしているような隠蔽体質の業者は絶対に避けるべきです。

企業社会でもコンプライアンスの基本は情報開示にあると言われております。

立派に情報開示をしてくれるような業者に仕事は頼みたいものです。

第8 家を共に愛する

1 愛着を失った家に住むということ

住宅トラブルを取り扱っていると、家に愛着を持っている施主に出会うこともありますし、愛着を失った施主に出会うこともあります。

家に愛着を持っている施主は、なんとか、しっかりと補修を行ってもらいたいと切に訴えてきます。

このような事案では、我々弁護士は全力で住宅会社を説得し、確実な補修を実践し、信頼関係を回復して頂きます。

他方で、家に対する愛着を失ってしまった施主に出会うと、非常に心が痛みます。

家に愛着を失う原因としては、出来上がった家が自分のイメージと全然違ってがっかりしてしまうというケースが多いのではないでしょうか。

住宅展示場の大きな空間が欲しかったのに、実際の家は狭いといった業者の思惑にはまってしまった勉強不足の施主のケースもありますし、逆に家づくりを勉強し夢を実現しようと意欲満々であったのに住宅会社の能力不足で家のレベルが夢のレベルにまで達していなかったというケースもあります。

この愛着を失った家が出来上がると言うことが、家づくりの一番の失敗です。

皆様方にもこうならないように、細心の注意を払って頂きたいと思います。

2 あなたの夢を実現してくれる住宅会社をしっかり選ぶことが何よりも大事

はっきり言いましょう。どんな悪質業者も最初は「100年住宅」とか「フリープラン」だとか「家を売るのではなく、作り上げるという感覚で設計・施工を楽しませて頂きます」など、適当な事を言うのです。

家づくりにあたって営業マンの「口」なんか絶対に信用してはいけません。

住宅会社選びは、やはり客観的見地から見ます。

そのポイントを示しますと

① まず、その住宅会社のコンプライアンスがしっかりしていること。

平気で、法律違反をするような会社は信頼できません。

② アフターメンテナンスの体制が確立していること。

家は長持ちさせなければなりません。

③あなたと家づくりの考え方が合致すること。

こだわりを持った最高の家をつくるための絶対条件です。

④現場監督がしっかりしていること。

現場監督が初心者であったり、能力のない適当な人だと建築現場が混乱します。

⑤関係業者の質が良いこと。

関係業者の質が悪ければ、自ずと家も悪くなります。

⑥勉強熱心で実績と経験があること。

見よう見まねでは、能力のキャパをオーバーしてしまう可能性があります。

3　行列が出来る工務店

匠の心がかよった家を建築し、その家をこよなく愛する事によって、肝心のメンテナンスに自主的に訪問しようという心が芽生えます。

この人間が持つ当たり前の心理を、自然に且つ当然に実践している地域密着型工務店こそ、理想の家づくりをお願いできる主体となる資格を有します。

そして、この資格の上に

「信頼」が加わること。

素直に尊敬できること。

コンプライアンスの精神がしっかりと宿っていること。

これらの付加価値が付いた工務店となると、ほんのわずかな工務店しか残らないはずです。

こういった希少価値の高い工務店を見つけ出しましょう。

きっと最高の現場監督、最高の職人を使って最高の家づくりをしてくれるはずです。

そんな工務店は妥協を許しませんから、新人社員の強引な利用や腕の悪い職人など決して使いません。

「今、仕事が一杯だから半年先じゃないと着工できません」と断られるほど人気が高い行列が出来る工務店。


こういった安心・安全な家づくりができる工務店を時間をかけて、地域のクチコミなどを調べ上げて丹念に探しましょう。

工務店探しに時間がかかったっていいじゃないですか。

一生の宝物を得ようとしているのですから。

第9 丁寧に、ゆっくりと

1 良い作品を理解できる能力を身につけよう

こだわりの職人は、手抜きや妥協を許さないプライドのかたまりで、信念をもって一つの作品を仕上げていきます。

早く安くつくろうと思ったら、こだわりの職人に依頼することを諦めなければなりません。

職人も十人十色。それぞれの個性を存分に発揮してくれます。

自分にあった職人に出会うためには、まず、自分の好みを確認することから始めなければなりません。

また、彼らの作品の良さを知るには、その作品を理解できる能力を身につけなければなりません。

しかし、我が国には住教育がありません。

だから、家づくりの主体である施主、即ち皆さんは、みんな素人なのです。

この素人である皆さんが、家づくりを一から勉強し、そして自分の夢の再確認をするには時間がかかるでしょう。

しかし、時間をかけて家づくりの勉強と自分の夢の再確認をしないと、あなたの家づくりをするにふさわしい職人と出会う機会を失うのです。

しっかり時間をかけて勉強をしましょう。

2　最高の設計図を手に入れよう

そして、自分の家づくりの家・コンセプトが固まったら、その固まったコンセプトを基に設計者とじっくり打ち合わせを行いましょう。

そうすると、設計者は自分の持っている更なる才能を開示してくれ、より高度な打ち合わせを展開することが出来るでしょう。

高度な議論を展開する中で、隠れていた自分の

希望が明るみに出る事もあります。これも最高の家づくりをするにあたって非常に重要なポイントです。設計者に時間を取らせて申し訳ない等と思う必要性は全くありません。

家づくりの素人がいきなり、設計者と面談し、「あれも分からない。これも分からない。」を連発し、設計者にとって無為な時間を経過させるよりかは、遙かに打ち合わせ時間は短縮されているはずです。

3 契約は慎重に

未来予想図である設計図を見て、実際の家の姿が想像でき、その姿に満足でき、その工事が建築予算の範囲で納まる事をしっかりと確認したら、自分の理想に適った工務店と請負契約を締結しましょう。

「契約してから考えましょう」等と自分本位の発言をする住宅会社は論外です。

4 良い作品はゆっくりと丁寧につくられる

そして、最高の現場監督と最高の職人に最高の家づくりをしてもらいましょう。

要点は「ゆっくりと丁寧に」です。

自分にあった最高の家をつくるためには、「早い・安い」ではいけません。

丁寧にゆっくりと家づくりに励みましょう。

きっとあなたに合った素晴らしい住宅が出来上がります。

5 家を大事にしよう

せっかく、貴重な時間を割いて愛情をこめてつくった家です。

百年も二百年も長持ちするように「お抱え大工」である工務店と共に大事にしてあげて下さい。

第10 最後に

日頃、住宅紛争専門弁護士として、住宅にまつわる様々なトラブルに接していると、「住宅産業はクレーム産業だな」とつくづくと感じます。

昨年1年だけでも耐力壁用ビスの国土交通省認定書偽造問題、悪質リフォーム問題、アスベスト問題、耐震強度偽装問題と問題ばかり発生しています。

業界全体でこれだけ多くの問題が発生するということは、必ずその原因があるのですが、その一番の原因が、住宅業者の多くがコンプライアンスの精神を持っていない事にあります。

皆さんも身近にいる住宅営業マンに聞いてみて下さい。

「もし、私がクレームで怒って電話したら信号無視・路上駐車してでもすぐに来ますか?」と。

その多くが「勿論です」と回答するでしょう。住宅業界では「顧客満足」という言葉の本当の意味を勉強していない人が意外に多く、こんな恥ずかしい回答をしてしまう事となるのです。

いつも、役所や企業でコンプライアンスの重要性について教育を受けている皆さんにとっては信じられない回答でしょう。

この社会の常識との乖離が直らない限り、住宅業界で問題がなくなる事はありません。

家づくりに失敗した人は悲惨です。

そして、コンプライアンスのない業者は、逃げます。

逃げられてしまうと、全く落ち度がないにもかかわらず、日々、愛着のない欠陥住宅に住み続け、日々、ストレスを抱える事になります。

私自身も住宅紛争の過程で、夫婦が離婚したり、施主が自殺する等の案件を目の当たりにし、心を痛めており、悪質な業者が住めないような澄んだ業界にする事が私の責務であると心に誓っております。

しかし、住宅業界は、「お客様」と呼ばれる読者の皆様方の意識が変わらないと本当に変わりません。

家づくりを検討している皆様方はもちろんの事、皆様方と同様、理想の家が欲しいと切望している方々のためにも、**「コンプライアンスの意識が高い」業者を業者選定基準の一つに加えて下さい。**

皆様方の意識の変革によって、住宅業界が真剣にコンプライアンスの重要性を理解し、そしてトラブル産業と呼ばれる住宅業界から事件がなくなる事を願ってやみません。

弁護士　秋　野　卓　生

住宅裁判を数多く取扱う　秋野卓生弁護士が解説する
安心・安全のための家づくり —早い・安いに騙されるな！—

2006年4月24日　初版発行

著　　　者　秋野卓生
発　行　人　田部義司
発　行　所　株式会社日本住宅新聞社
〒113-0022 東京都文京区千駄木3-45-2
TEL 03（3823）2511　FAX 03（3823）2566
ホームページ　http://www.jyutaku-news.co.jp/
発　売　所　株式会社建築技術
〒101-0061 東京都千代田区三崎町3-10-4 千代田ビル
TEL 03（3222）5951　FAX 03（3222）5957
印刷・製本　一誠堂印刷株式会社

ISBN4-7677-0111-2 C3052

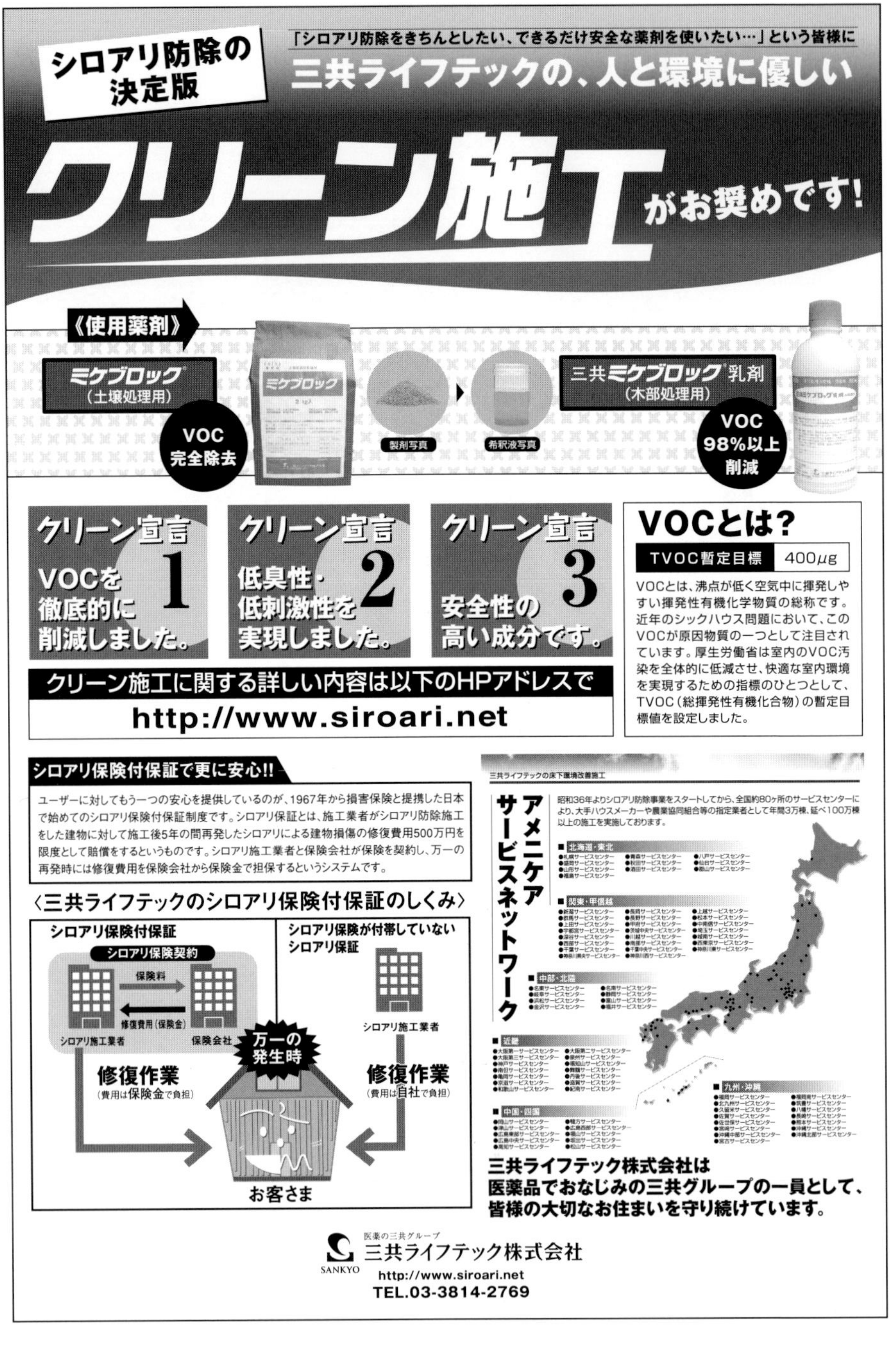
シロアリ防除の決定版
「シロアリ防除をきちんとしたい、できるだけ安全な薬剤を使いたい…」という皆様に
三共ライフテックの、人と環境に優しい
クリーン施工
がお奨めです!
《使用薬剤》
ミケブロック®
(土壌処理用)
VOC
完全除去
製剤写真
希釈液写真
三共ミケブロック®乳剤
(木部処理用)
VOC
98%以上
削減
クリーン宣言 1
VOCを徹底的に削減しました。
クリーン宣言 2
低臭性・低刺激性を実現しました。
クリーン宣言 3
安全性の高い成分です。
クリーン施工に関する詳しい内容は以下のHPアドレスで
http://www.siroari.net
VOCとは?
TVOC暫定目標 400μg
VOCとは、沸点が低く空気中に揮発しやすい揮発性有機化学物質の総称です。近年のシックハウス問題において、このVOCが原因物質の一つとして注目されています。厚生労働省は室内のVOC汚染を全体的に低減させ、快適な室内環境を実現するための指標のひとつとして、TVOC(総揮発性有機化合物)の暫定目標値を設定しました。
シロアリ保険付保証で更に安心!!
ユーザーに対してもう一つの安心を提供しているのが、1967年から損害保険と提携した日本で始めてのシロアリ保険付保証制度です。シロアリ保証とは、施工業者がシロアリ防除施工をした建物に対して施工後5年の間再発したシロアリによる建物損傷の修復費用500万円を限度として賠償をするというものです。シロアリ施工業者と保険会社が保険を契約し、万一の再発時には修復費用を保険会社から保険金で担保するというシステムです。
〈三共ライフテックのシロアリ保険付保証のしくみ〉
シロアリ保険付保証
シロアリ保険契約
保険料
修復費用(保険金)
シロアリ施工業者
保険会社
修復作業
(費用は保険金で負担)
万一の発生時
シロアリ保険が付帯していないシロアリ保証
シロアリ施工業者
修復作業
(費用は自社で負担)
お客さま
三共ライフテックの床下環境改善施工
アメニケアサービスネットワーク
昭和36年よりシロアリ防除事業をスタートしてから、全国約80ヶ所のサービスセンターにより、大手ハウスメーカーや農業協同組合等の指定業者として年間3万棟、延べ100万棟以上の施工を実施しております。
北海道・東北
●札幌サービスセンター
●青森サービスセンター
●八戸サービスセンター
●盛岡サービスセンター
●秋田サービスセンター
●仙台サービスセンター
●山形サービスセンター
●酒田サービスセンター
●郡山サービスセンター
●福島サービスセンター
関東・甲信越
中部・北陸
近畿
中国・四国
九州・沖縄
三共ライフテック株式会社は
医薬品でおなじみの三共グループの一員として、
皆様の大切なお住まいを守り続けています。
医薬の三共グループ
SANKYO
三共ライフテック株式会社
http://www.siroari.net
TEL.03-3814-2769

匠の会全国連合会会員

（設立順）

協同組合匠の会

〒101-0043 東京都千代田区神田富山町２２番地
オフィス２２ビル　３Ｆ
電話番号　03-5289-7001
FAX番号　03-5289-7003

協同組合関西匠の会

〒530-0005 大阪市北区中之島３－２－４　朝日ビル７Ｆ
電話番号　06-6228-1187
FAX番号　06-6229-8440

札幌匠の会

〒060-0002 札幌市中央区北二条西２丁目　三博ビル２Ｆ
電話番号　011-241-0120
FAX番号　011-241-0127

協同組合中部匠の会

〒460-0008 名古屋市中区栄２－１－１２
ダイアパレス伏見907号
電話番号　052-201-1093
FAX番号　052-201-1090

九州・山口匠の会

〒812-0011 福岡市博多区博多駅前３－９－５
チサンマンション第一博多１０１５号
電話番号　092-431-1351
FAX番号　092-431-1354

paramount glass mfg.
F ★★★★
ホルムアルデヒド放散による区分
サンイーは、建築廃材ゼロをめざす、地球にやさしいグラスウール断熱材です。
「sun-e」は、高性能グラスウールの積層方向を90度回転させた4本のタテ繊維コアで構成。そのため幅方向に伸縮性があり、あらゆるツーバイフォー住宅にジャストフィットします。また、幅詰め加工が不要で、高い施工精度が簡単に実現。しかも、端材を有効に使えるので、建築廃材をほとんど出しません。「sun-e」は、建築廃材ゼロをめざす、地球にやさしい高性能グラスウール断熱材です。
❶
❷
❸
❹
ツーバイフォー住宅用高性能タテ繊維グラスウール
sun-e サンイー
地球環境に
背を向けていませんか。
営業部／東京都千代田区九段北4丁目1番28号
九段ファーストプレイス4階
パラマウント硝子工業株式会社
http://www.pgm.co.jp
TEL.03(3514)3720